Die Entscheidungs-Matrix

T0349968

Johanna Dahm

Die Entscheidungs-Matrix

Besser fühlen – klar denken – erfolgreich entscheiden

 Springer

Johanna Dahm
Bonn, Deutschland

ISBN 978-3-662-62374-9   ISBN 978-3-662-62375-6   (eBook)
https://doi.org/10.1007/978-3-662-62375-6

Die Deutsche Nationalbibliothek verzeichnet diese Publikation in der Deutschen
Nationalbibliografie; detaillierte bibliografische Daten sind im Internet über http://
dnb.d-nb.de abrufbar.

Planung/Lektorat: Marion Kraemer
Springer ist ein Imprint der eingetragenen Gesellschaft Springer-Verlag GmbH, DE
und ist ein Teil von Springer Nature.
Die Anschrift der Gesellschaft ist: Heidelberger Platz 3, 14197 Berlin, Germany

„Für Hanna, Marc, Amelie und Frederic.

Vorwort

Lange dominierte die Meinung, dass nur derjenige optimale Entscheidungen treffen kann, der alle Vorbedingungen, Grundlagen, Konsequenzen und Optionen kennt, die in Verbindung mit der zu treffenden Entscheidung stehen. Supermärkte und Dienstleister werben mit einer Fülle an Optionen und suggerieren durch die Vielfalt des Angebots Kompetenz und Kundenglück. Die Folge jedoch ist häufig das genaue Gegenteil – immer öfter herrscht Überforderung durch Überfluss. Dies ist eines der Dilemmata des Abendlandes.

Nehmen wir ein triviales Beispiel: Die Auswahl einer Packung Nudeln ist – bei einem Angebot von 25 verschiedenen Sorten im Regal – vom Hirn beinahe schon eine Meisterleistung. Nach welchen Kriterien entscheiden wir, welches die richtige Sorte Nudeln ist? Anhand des Preisgefüges? Anhand der Herkunft (regional scheint ja wieder en vogue zu sein)? Anhand der Herstellungsart (Bio oder doch nicht)? Lassen wir uns vom Packungsdesign beeinflussen, oder vertrauen wir einfach auf unsere Erfahrung und kaufen die Sorte, die wir schon seit Kindheitstagen kennen?

Allein dieser kleine Ausflug in den eigenen Einkaufswagen zeigt, wie kompliziert und vielschichtig ein simpler Vorgang wie der Kauf von Nudeln sein kann. In den allermeisten Fällen jedoch haben wir es mit weitaus komplexeren Situationen zu tun, in denen es nicht ausreicht, auf das eigene Erfahrungswissen zurück zu greifen. Hinzu kommt in vielen Situationen der entsprechende Zeit- und Erwartungsdruck von außen.

Sowohl im Privatleben als auch im Berufsalltag, ja selbst in Managementetagen, sind es zuvorderst die nicht oder verspätet getroffenen Entscheidungen, die uns das Leben schwer machen. Entscheidungsfindungsprozesse werden dadurch umso unliebsamer, schwieriger und unbequemer. Nur wenige Menschen scheinen in der sogenannten Qual der Wahl routiniert und beherzt vorzugehen.

Seit Beginn meiner Berufstätigkeit begleite ich nun Menschen und Organisationen durch Krisen und Situationen des wirtschaftlichen Wandels und habe selbst hochrangige Persönlichkeiten an Entscheidungen scheitern gesehen. Viel seltener beobachtete ich einen souveränen Umgang beim Treffen von Entscheidungen.

Nun könnte man vielleicht etwas vorschnell schließen, dass Entscheidungskompetenz eine angeborene Fähigkeit sei. Dass es eine Frage der eigenen Persönlichkeit sei, dass sich diejenigen eben leichter entscheiden und damit bessere Ergebnisse erzielen. Es mag sein, dass sich manche Menschen leichter damit tun, gute Entscheidungen zu treffen, doch dies bedeutet nicht, dass diese Kompetenz nicht auch für andere erlernbar ist. Genau diesen Beweis möchte ich mit dem vorliegenden Werk antreten: Entscheidungen- und zwar gute und nachhaltige – sind erlernbar. Natürlich benötigt es ein wenig Übung, doch mit der von mir entwickelten Entscheidungsmatrix haben Sie ein sicheres Fundament zur Hand, welches Orientierung und Unterstützung bietet, selbst bei äußerst komplexen und schwierigen Entscheidungssituationen.

Gleichzeitig möchte ich mit dem Mythos aufräumen, dass es schwierig sei, gute und nachhaltige Entscheidungen zu treffen. Vielmehr verhält es sich hier durchaus wie bei einer selbsterfüllenden Prophezeiung: Stelle ich mich der Entscheidungssituation bereits in der Überzeugung, dass diese sicher extrem schwierig zu lösen wird, dann wird sich diese in der Realität tatsächlich auch als schwierig herausstellen. Beispiele dazu werden uns in diesem Buch des Öfteren auf unterschiedlichste Art und Weise begegnen. Tatsächlich nutzen erfolgreiche Entscheider sie als eine mächtige Verbündete auf dem Weg zur Erreichung ihrer Ziele.

Ich berufe mich auf unterschiedliche Beispiele aus meinem erlebten Unternehmens- und Berateralltag. Sie werden daran ersehen, dass das Treffen von Entscheidungen, ja sogar nachhaltig guter Entscheidungen, einfach ist und Sie dafür weder einen Berater noch eine besondere Ausbildung oder einen akademischen Abschluss benötigen.

Es bedarf allerdings einiger Fragestellungen als Voraussetzungen, um im Nachgang tatsächlich die vor Ihnen liegenden Entscheidungen zu treffen. Genau mit diesen Voraussetzungen beschäftigt sich das vorliegende Buch. Es möchte Ihnen anhand von Beispielen aufzeigen, wie Menschen in ganz unterschiedlichen Lebenssituationen Entscheidungen getroffen haben.

Dazu haben sie sich einer Methode bedient, die ich im Rahmen meiner Zusammenarbeit mit Turnaround- und Krisenmanagern kennengelernt und in der Folge selbst weiterentwickelt habe. Der nachhaltige Erfolg dieser Methode trug dazu bei, dass ich sie bis heute in meinen Trainings, Coachings und Beratungen anwende und auch an andere Berater weitergebe.

Mittlerweile hat sich herausgestellt, dass sich diese Methode auf alle Entscheidungssituationen übertragen lässt. Heute hilft sie mir, Menschen in der Personal- und Unternehmensberatung zu unterstützen, mehr Entschlusskraft zu entwickeln und Entscheidungen nicht mehr aufzuschieben.

Mit dem vorliegenden Werk möchte auch ich Sie ermutigen, diese erfolgreiche Methode der Entscheidungsfindung einmal auszuprobieren. Sie werden die Vorzüge schnell feststellen. Eine dieser Vorzüge ist, dass Sie sich mit getroffenen Entscheidungen besser fühlen, was dazu führt, dass Sie einmal getroffene Entscheidungen seltener hinterfragen.

Inzwischen leiden acht von zehn Deutschen an der unter „Aufschieberitis" bekannten Prokrastination. Was bedeutet, dass sie selbst Kleinigkeiten vor sich herschieben und sich weder für die Erledigung alltäglicher noch wirklich wichtiger Dinge entscheiden können. Einer aktuellen Studie der Universität Mainz zufolge sind besonders junge Menschen von Entscheidungsaufschub und Prokrastination betroffen: Die über 2000 Befragten waren 14–95 und bildeten einen Querschnitt der deutschen Bevölkerung im 1:1-Verhältnis von Männern und Frauen. Nun konnte belegt werden, dass die Tendenz zum dauernden Aufschieben vor allem bei jüngeren (14- bis 29-jährig) Männern zu finden ist, mit zum Teil schwerwiegenden Folgen für die Gesundheit, nämlich mit Stress, Einsamkeit, Depression, Angst und auch mit Erschöpfungszuständen einhergeht[1]. Dies verursacht in vielen Fällen nicht nur unmittelbares persönliches Unwohlsein, sondern bringt mittelfristig immense Folgekosten mit sich, wie ich später noch diskutieren werden.

Mit diesem Buch möchte ich diesem Phänomen auf den Grund gehen und vor allem Abhilfe schaffen. Damit Sie, lieber Leser, sich mit Ihren Entscheidungen wieder besser fühlen, klarer denken und erfolgreich entscheiden können.

Das vorliegende Werk soll Ihnen einen klaren, einfachen und effizienten Weg zu Ihrer Entscheidungsstrategie ebnen. Dieser Weg sieht wie folgt aus und gliedert sich in folgenden Stationen:

- **Entscheidung:** Was ist eine Entscheidung überhaupt? Welches sind die grundlegenden Entscheidungen im Privat- und Berufsleben?
- **Entscheidungen fallen schwer** – aber warum? Wie nähern wir uns Entscheidungen, und kann man verschiedene Typen differenzieren, die Entscheidungen auf unterschiedliche Weise treffen?
- Die **Entscheidungsmatrix** als Instrument für schnelle, sichere Entscheidungsfindung. Wie funktioniert sie und was sind die Vorteile gegenüber anderen Verfahren der Entscheidungsfindung?
- **Entschlusskraft bei Entscheidungen** als Garant für tatsächlich nachhaltige Umsetzung von Entscheidungen. Wie können Sie diese, selbst bei ehrgeizigen Zielen und herausfordernden Situationen, erlangen?

---

[1]Quelle: https://journals.plos.org/plosone/article?id=10.1371/journal.pone.0148054

- **Entscheiden in der Praxis:** Damit Ihnen die Anwendung der Entscheidungsmatrix gelingt, habe ich populäre Beispiele, Alltagsszenarien und tiefergehende Betrachtungen aus dem Beratungsalltag angeführt.

Darüber hinaus finden Sie, neben der Entscheidungsmatrix als PDF-Vorlage zum kostenfreien Download, auch Checklisten, Verweise auf Video-Materialien sowie weiterführende Literatur.

Als Unternehmerin und Personalverantwortliche bin ich stets an der Optimierung von Unternehmens- und Personalentscheidungen interessiert. Dies ist auch der Grund, weshalb mir so viel daran liegt, auch Sie in Ihren Zielsetzungen zu unterstützen. Ich bin zutiefst davon überzeugt, dass Personalarbeit und Führungsverantwortung viel Freude machen können und zwar allen beteiligten Parteien.

Eine wichtige Entscheidung haben Sie bereits mit dem Lesen dieses Buches getroffen. Dazu gratuliere ich Ihnen vorweg schon einmal. Darüber hinaus wünsche ich Ihnen viel Erfolg beim Treffen weiterer richtiger Entscheidungen, bei der Anwendung der Entscheidungsmatrix und natürlich auch viel Freude beim Lesen dieses Buches.

Danke für Ihr Vertrauen.

Johanna Dahm

Danksagung

„Dieses Buch wäre ohne die strengen Blicke meines Lektors Michael, ohne die nächtlichen Diskurse mit Carla, ohne den regen Austausch mit Christiane, Andreas, Andreas, Bastian, Marco, Guido, Sebastian nie entstanden. Da es sich um erlebte, gelebte Praxis handelt, zu der mir geschätzte Kunden und Partner verholfen haben, stellvertretend aufrichtigen Dank an Barbara, Matthias, Michael, Peter, Stefan, Rudolf, und alle anderen. Ich freue mich auf die Zukunft."

Motivation zum Buch

Die Idee zu diesem Buch entstand zu Beginn der Covid-19-Pandemie im März 2020. Bestehende Kunden aus dem internationalen Mittelstand, Konzerne, aber auch Kleinunternehmer hatten Schwierigkeiten, eine für sich greifende Krisenstrategie zu entwickeln, Selbstständige waren mehr denn je dazu angehalten, eine glasklare Kommunikation von Alleinstellungsmerkmal und Positionierung zu etablieren, um am Markt sichtbar zu werden oder zu bleiben.

Die Grundlage für das Betreiben des eigenen Geschäftsmodells änderte sich für manche innerhalb weniger Tage. Für einige hieß es tatsächlich, sich gänzlich neu zu orientieren. Es liegt auf der Hand, dass in solchen Situationen Entscheidungsstärke gefragt ist und nicht nur bloßes und untätiges Warten auf bessere Zeiten. Doch greift es zu kurz, Menschen einfach dazu anzuhalten, dass sie sich ändern bzw. entscheiden müssen. Gute Entscheidungen liegen gerade in Krisensituationen nicht auf der Hand, sie wollen überlegt, erprobt, bestenfalls geübt sein. Dies impliziert natürlich, dass Entscheidungsstärke und Entscheidungsfindung auch gelernt werden kann, wie ich in diesem Buch noch ausführlich zeigen werde. Leider wird an Schulen das Fach: „Entscheidungsfindung" nicht gelehrt. Welche Vorteile dies für uns als Privatpersonen, als Unternehmer und als Gesellschaft hätte, werde ich noch ausführen.

In den ersten zwei Monaten der Pandemie hielt ich im Auftrag des Bundesverbandes Mittelständischer Wirtschaft e. V. wöchentliche Webinare zum Thema „Plan B – Neuorientierung in der Krise" ab. Daraufhin kontaktierten mich viele Teilnehmer, darunter zuvorderst Selbstständige und Unternehmer, aber auch Einzelpersonen. Deren Fragen waren nahezu deckungsgleich:

- „Wie sicher kann ich sein, dass sich der Aufwand lohnt, jetzt einen neuen Weg einzuschlagen?
- „Ich muss mich wohl für einen Weg entscheiden, aber wie mache ich das?"
- „Wer garantiert mir, dass meine getroffene Entscheidung auch richtig ist?"
- „Ich habe Angst, Fehler zu machen. Wie kann ich sie loswerden?"

Im direkten Dialog mit den Betroffenen stellte sich heraus, dass sich bereits alle mehr oder weniger auf unterschiedlichste Arten mit dem Thema der Entscheidungsfindung beschäftigt haben.

Manche hatten sich mit Ratgeber-Literatur beschäftigt, ja sogar Seminare und andere Veranstaltungen gebucht, mit dem Ziel, bessere Entscheidungen treffen zu können. Doch egal, welche Maßnahmen auch getroffen wurden, sie waren selten von Erfolg gekrönt, konnten somit nicht zum gewünschten Ergebnis beitragen.

Manchmal geschah sogar das Gegenteil! Diejenigen, die profunde Entscheidungen treffen wollten und dazu entsprechende Ratgeber zur Hand nahmen, wurden kläglich enttäuscht. Das Selbststudium hatte zu mehr Verwirrung als Klarheit geführt. So wurden Möglichkeiten der Entscheidungsfindung vorgestellt, gegeneinander abgewogen, das Karussell der Möglichkeiten zur möglichen Entscheidungsfindung eröffnet und gleichzeitig hat sich damit das ursprüngliche Problem potenziert.

Ironischerweise führt die Vielzahl der vorgestellten Entscheidungsmethoden erst recht wieder in ein Entscheidungsdilemma: Welches der vorgestellten Modelle ist das beste? Welches Modell passt am besten zu mir und meinem Business? Mit welchem Modell mache ich die wenigsten Fehler? Welches Modell führt am ehesten zum Erfolg?

In Wirklichkeit sind die Teilnehmer dieser Veranstaltungen oder Leser solcher Ratgeber danach noch verwirrter als zuvor, weil die Wahlmöglichkeit plötzlich dramatisch zunimmt. Das Problem scheint sich dadurch in der Folge eher zu verschärfen als zu verringern. Dies ist auch der Grund, weshalb viele Werke zum Thema Entscheidungsfindung, in welchen einfach nur Entscheidungsmodelle und -methoden nebeneinander aufgelistet werden, nicht den von der Leserschaft gewünschten Effekt erzielen.

Was bedeutet es denn, wirklich „gute" Entscheidungen zu treffen?

Im ersten Schritt muss erkannt werden, ob überhaupt ein Optimierungsbedarf vorherrscht. Demgemäß muss eine Entscheidung getroffen und nicht aufgeschoben werden. Die gibt die Möglichkeit, möglichst früh – agil – zu handeln. Die Handlungen können so lange optimiert werden, bis die Probleme gelöst und etwaige Fehler korrigiert sind oder die selbst gesetzten Ziele erreicht wurden. Um positive Effekte auf den Entscheidungsprozess von Menschen zu erzielen, müssen wir uns fragen: Was brauchen Menschen in Krise und Wandel, in Zeiten von zunehmendem Entscheidungsdruck und angesichts der Qual der Wahl? Es bedarf eines Hebels, der in allen Lebenssituationen und unabhängig vom Kontext greift, eines Ansatzes, der ihnen Souveränität ermöglicht, einer Methode, die bei Entscheidungen den Kopf kühl bewahren lässt und den Bauch beruhigt.

Was hilft da also das Panoptikum der Entscheidungs-bäume, -typen,- wege, -kurse und Assessments, wenn ich JETZT in der Ausnahmesituation gefangen bin, unter Druck meine Emotionen nicht mehr regulieren kann und mich immer differenziertere Betrachtungen ein und der-selben Situation noch mehr verwirren?

Ratgeber Nummer eins sagt, ich soll alle Optionen auf ihre Gangbarkeit hin überprüfen. Ratgeber Nummer zwei rät, auf das eigene Bauchgefühl zu hören, der dritte Ratgeber empfiehlt, eine Nacht über die anstehende Ent-scheidung zu schlafen. Ein vierter wiederum meint, dass die Konsultierung anderer Ratgeber der Königsweg sei. Nummer fünf meint, Entscheidungen erst zu treffen, wenn tatsächlich alle offenen Fragen beantwortet sind.

Die Komplexität dieser Hinweise erhöht sich dramatisch, wenn man sich die methodisch vielfältigen Ausführungsmöglichkeiten genauer ansieht. Pro-und-Contra-Listen können mit Papier und Bleistift oder einer App aufgestellt werden. Gleiches gilt bei einer ambitionierten Balance Scorecard.

Zudem gilt es, den entsprechenden Zeitdruck in die Betrachtung mit einzubeziehen. Viele Entscheidungen müssen schnell getroffen werden und können nicht bis ultimo aufgeschoben werden. Wie stellt sich die Situation dar, wenn es gar um Entscheidungen geht, welche über die eigene Existenz bestimmen?

Genau dieser Umstand macht es für viele Menschen so schwierig, notwendige Entscheidungen zu treffen. Uns stehen niemals alle Informationen zur Gänze zur Verfügung, die wir indes für eine entsprechend vollumfängliche Bewertung der Situation benötigen würden. Gleichzeitig können wir allenfalls bedingt vorhersagen, welche Konsequenzen unsere getroffenen Entscheidungen nach sich ziehen.

Mit kluger Strategie und entsprechender Erfahrung gelingt es mir jedoch in den allermeisten Fällen, die zunächst beklemmende Fülle zur Verfügung stehenden Möglichkeiten bzw. auch ausweglosen Situationen auf die besten Optionen zu reduzieren und so klarere Entscheidungswege für meine Kunden aufzuzeigen.

Diese Methode eignet sich sowohl für Unternehmer und Entscheider als auch für Privatpersonen. All jene, die ich nun seit über 20 Jahren begleite, verfolgen ihre Ziele mit deutlich sichtbarer Ausdauer und Entschlusskraft. Die Prinzipien sind immer dieselben, erschließen sich einfach und können darum auch von Ihnen leicht in der Praxis umgesetzt zu werden. Deshalb bin ich der festen Überzeugung, dass meine Methoden der Entscheidungsfindung auch für Ihr Leben und Ihr Business von Bedeutung sind und einen entsprechenden Mehrwert darstellen.

Ein Wort vorab, mit Bitte um Verständnis;

Aus Gründen der leichteren Lesbarkeit wird hier eine gewohnte männliche Sprachform bei personenbezogenen Substantiven und Pronomen verwendet. Dies impliziert jedoch keine Benachteiligung des weiblichen Geschlechts, sondern soll im Sinne der sprachlichen Vereinfachung als geschlechtsneutral zu verstehen sein.

Inhaltsverzeichnis

Über die Autorin

Dr. Johanna Dahm Beraterin für Entscheidungsfindung, Personal-Entwicklung, Unternehmenserfolg. Ich war 16 Jahre alt, als ich mit der Kurswahl in der gymnasialen Oberstufe zugleich die Entscheidung gegen ein Medizin-studium und gegen den Antritt der Unternehmens-nachfolge meiner Eltern treffen musste. Das war ein großer Schritt aus einer möglichen Zukunft hinaus und zugleich in meine jetzige Berufung hinein.

8 Jahre später moderierte ich als Assistentin an der Universität zu Köln im Rahmen des Bologna-Prozesses zwischen Wissenschaft und Wirtschaft. Parallel zur Promotion 2001 machte ich mich mit meinem ersten Beratungsunternehmen für webbasierte Personalentwicklung dann selbstständig.

Damals erhielt ich Venture Capital von der Firma Henkel KGaA. Die grundlegende Idee meines Startups war es, schneller passendes Personal zu finden und in die jeweilige Unternehmensstruktur zu integrieren; dies alles vor dem Hintergrund eines neuen Bildungssystems, der Herausforderung des demografischen Wandels und der in großen Schritten fortschreitenden Digitalisierung. In einer schnelllebigen Welt sind integrale Personalentscheidungen das Maß aller Dinge. Dazu gehört auch, entsprechende Entwicklungspotenziale innerhalb des Unternehmens zu identifizieren und dementsprechend zur Entwicklung beizutragen.

Damals beeindruckte mich vor allem die Entscheidungsgeschwindigkeit, mit der ein Großkonzern wie Henkel einem Startup wie meinem den Zuschlag gab. Schnell wuchs meine GmbH auf 12 Mitarbeiter heran. Wir betreuten ausschließlich große Unternehmen in der Personalauswahl und -entwicklung, sowohl auf strategischer als auch operativer Ebene. Diese waren international agierende Industrie-, Handels- und Technologieunternehmen mit mehreren Tausend Mitarbeitern. In der Spitze kümmerten wir uns parallel um 70 Kunden. Es folgten gemeinsame Messeauftritte und ein hoch dotiertes EU-Projekt. Innerhalb kürzester Zeit konnten wir mit dem Startup eine entsprechende Sichtbarkeit im Markt aufbauen.

Seitens der Managementberatung Accenture wurde dann das Angebot an mich herangetragen, an der Entwicklung des Integrated Talent Managements mitzuarbeiten, sodass ich mich aus der Geschäftsführung des eigenen Unternehmens zurückzog, die Leitung an meinen Geschäftspartner übergab und mich auf die neuen Aufgaben im Consulting fokussieren konnte.

Weitere zwei Jahre später übernahm ich dann eigene Führungs- und Personalverantwortung bei Novartis Pharma AG, um angesichts eines sich komplett wandelnden Gesundheitssystems neue Geschäftsmodelle und Kompetenzen für Blockbuster und Specialties mit aufzubauen. Als meine Eltern jedoch 6 Jahre später pflegebedürftig wurden, schlug ich einen nächsten Karriereschritt in die Vereinigten Staaten aus und kehrte aus der Schweiz nach Deutschland zurück, um mich wieder selbstständig zu machen.

Seit 2015 berate ich Organisationen in Entscheidungssituationen, doziere über Entscheidungsfindung an der Universität zu Köln sowie an der IUBH in Bad Honnef und spreche vor internationalen Berufsverbänden und Gremien.

Das Schreiben und Herausgeben von Büchern sind zu einer Leidenschaft von mir geworden, die es mir erlaubt, Gedanken zu ordnen und in strukturierter Form zur Verfügung zu stellen. Mein Buch „Sucher suchen. Finder finden" wurde tatsächlich ein Amazon-Bestseller und ist inzwischen auch als Audiobook erschienen. „Praxis Personalmanagement – Führung in Zeiten der Krise" wurde für den Amazon Publisher Award vorgeschlagen. Nehmen Sie Kontakt zum Autor auf:

Firmen-Website: https://www.drjohannadahm.com

LinkedIn-Profil: https://www.linkedin.com/in/drjohanna dahm

E-Mail: kontakt@drjohannadahm.com

Tel: 0175/4627574

1

Was ist eine Entscheidung?

Ich war circa 16 Jahre alt, als ich die Kurse für die gymnasiale Oberstufe wählte. Damals war das eine Lebensentscheidung. Man beriet sich lange vor den Sommerferien mit den Mitschülern, Freunden, Verwandten. Doch ausschlaggebend waren die Lehrer, die mich bzw. die anderen Schüler am letzten Schultag vor den Ferien beiseite nahmen und ihnen Ratschläge gaben.

Wichtig war ja auch die Kurskombination, nicht alle Hauptfächer ließen sich miteinander kombinieren. Ich beschloss kurzerhand einfach das zu wählen, was mir die meiste Freude bereitete. Schließlich würde ich mich die nächsten zwei Jahre auf diesem Themenfeld bewegen, und wenn ich dazu geschickt andere Fächer kombinierte, wäre ich in den Nebenfächern maximal flexibel. So fiel meine Wahl in den Hauptfächern auf Latein und Deutsch und in den Nebenfächern auf Mathematik und Englisch.

Natürlich waren meine Eltern daran interessiert, wie meine Kurswahl ausfällt. Als ich ihnen berichtete, dass

© Der/die Autor(en), exklusiv lizenziert durch Springer-Verlag GmbH, DE, ein Teil von Springer Nature 2021
J. Dahm, *Die Entscheidungs-Matrix*,
https://doi.org/10.1007/978-3-662-62375-6_1

ich Deutsch und Latein gewählt hatte, schienen sie enttäuscht. Mit dieser Wahl würde man wohl kaum ein Medizinstudium angehen und auch kein Unternehmen führen können. Bis dahin hatten wir nie über die Unternehmensnachfolge der zahnkieferchirurgischen Praxis meines Vaters gesprochen. Allerdings hatten sie mich auch nicht gefragt, ob das für mich zukünftig eine Option darstellen würde.

So war es an mir, an diesem Tag nicht nur meine Kursauswahl, sondern auch meine Zukunftspläne zu kommunizieren und damit eine Entscheidung gegen den Eintritt in das über mehrere Generationen tradierte Familienunternehmen zu treffen.

Solcherlei herausfordernde Situationen sind mir fortan in meinem Berufsleben häufig begegnet. Ob es sich um die Laufbahnplanung von Menschen im Konzern, große Betriebsentscheidungen oder tiefgründige private Entscheidungen handelte – stets handelte es sich um wichtige Schritte, die eine Person oder eine Organisation tut und damit grundlegende Veränderungen für das ganze Umfeld hervorruft. Meist gehen diese weit über die Planung auf Papier oder eine vage Idee hinaus.

Eine Situation hat sich diesbezüglich bei mir eingebrannt. Ich erzähle sie sehr gerne bei meinen Vorträgen: an der Fresenius Hochschule für Wirtschaft und Medien wurde ich nach meiner Antrittsvorlesung von einem Studenten gefragt, ob ich den Studiengang BWL generell als sinnvoll erachte. Ich fragte ihn zurück, was er denn nach dem Studium machen wolle. Er entgegnete, dass er das heute noch nicht mit Sicherheit sagen könne.

Daraufhin erzählte ich ihm, dass er mich an Alice im Wunderland erinnerte. Der ganze Hörsaal lachte. Aber ich fuhr fort: Alice hat sich verirrt und begegnet einer Katze

Abb. 1.1 (Alice in Wonderland, Alice trifft die Katze im Baum)

im Baum. (Abb. 1.1). Sie fragt die Katze nach dem Weg, doch die Katze entgegnet:

„Wie soll ich dir den Weg nennen, wenn Du noch nicht mal dein Ziel kennst?". Der Student verstand schlussendlich, worauf ich mit der kurzen Anekdote aus Alice im Wunderland hinauswollte.

Viele Menschen sind wie dieser Student. Sie grübeln mehr über den einen oder anderen Weg, die Stationen und Zwischenschritte als über das Ziel selbst bzw. das zu erreichende Endresultat. Da liegt es auf der Hand, dass sie aus dem Zweifel und dem Selbstzweifel nicht herauskommen.

Dem Entscheidungsfindungsprozess gehen Klärung von Ziel und Absicht voraus: Wenn Menschen über ihre Absichten und Ziele Klarheit gewinnen, bringt dies meist tiefgehende Veränderungen für andere Bereiche mit sich. Entscheidungen gewinnen an Substanz bzw. an Gewicht, sobald der Willensbildungsprozess zielgerichtet ist. Handlungen werden umso motivierter und Entscheidungen substanzieller, je absichtlicher sie sind.

Metaphorisch lässt sich das etwa vergleichen mit einer nebelverhangenen Straße, auf welcher man mit dem Auto unterwegs ist. Wenn die Sonne schlussendlich durchbricht, ist die Straße klar erkennbar und die Orientierung hergestellt. Schnelles und effizientes Navigieren ist nun möglich. Sobald sich der Nebel, in welchem wir Entscheidungen treffen müssen, legt, kommen wir schneller, leichter und vor allem sicherer voran.

Handlungsabsichten sind jedoch nicht immer klar, und diese Klarheit ist nicht einfach zu erwirken. Vor allem dann, wenn Handlungsmotive durch verschiedene Personen oder durch spezielle Rahmenfaktoren beeinflusst sind. Je klarer wir unsere eigenen Absichten und Ziele kennen, desto zielgerichteter wird auch unser Handeln.

Buridans Esel liefert ein klassisches Bild-Beispiel dafür, welche wesentliche Rolle persönliche Motive spielen, um unsere Handlung in eine bestimmte Richtung zu lenken.

Abb. 1.2 (Buridans Esel)

Dem Beispiel nach verhungert Buridans Esel (Abb. 1.2). zwischen zwei Heuhaufen, weil er keinen hinreichenden Grund findet, sich für einen der beiden saftigen Heuhaufen zu entscheiden. Sie sehen beide gleich köstlich aus. Auch in Größe und Entfernung unterscheiden sie sich nicht. Weil es kein Differenzierungsmerkmal gibt und er keine eigens initiierte Entscheidung treffen will bzw. kann, bleibt dem Esel nichts anderes übrig, als den Hungertod zu erleiden.

Die Moral dieser vielleicht überzeichneten, aber einprägsamen Geschichte ist, dass das, was wir letzten Endes wollen und bekommen, das Ergebnis eines klaren Willensbildungsprozesses ist.

Entscheidungen zu treffen ist eine Königsdisziplin. Doch wie eine Studie der Unternehmensberatung Boston Consulting Group[1] (BCG) belegt, gibt es gerade unter Entscheidungsbefugten nicht viele Könige.

Der Studie zufolge ist es vielmehr so, dass nur ein Drittel der Entscheider im Berufsleben, also Geschäftsführer und Führungskräfte, auch tatsächlich gute Entscheidungen trifft.

Was sind gute Entscheidungen? Welche Folgen hat es für die Praxis, wenn Entscheider nicht entscheiden und was bedeutet das eigentlich im Alltag?

Zu entscheiden bedeutet ja, aus mindestens zwei potenziellen Handlungsalternativen, eine auszuwählen. Soweit sind sich die Teilnehmer der Studie auch einig. Dass dabei auch noch ein übergeordnetes Ziel zu beachten ist, haben die meisten Führungskräften, nämlich ganze 90 %, aus den Augen verloren.

Ein weiteres Resultat der BCG-Studie ist, dass mindestens zwei Drittel der Entscheider größte Schwierigkeiten haben, in Stress-, Druck- und vor allem Krisensituationen einen kühlen Kopf zu bewahren. Gerade dann nämlich verspüren diese eine enorme Bürde, die auf ihren

Schultern lastet, was wiederum dazu führt, dass kaum eine entsprechende Distanz zu verschiedenen Problemfeldern eingenommen werden kann und der rationale Blick verloren geht. Entschieden wird dann verstärkt impulsiv und aus dem Bauch heraus. Dies ist zwar per se nicht schlecht, wenn allerdings gleichzeitig die Vernunft darunter leiden muss, ist dies gelinde gesagt, suboptimal. Bestünde der Königsweg denn in der Kombination beider Instanzen?

Viele Verhaltensforscher, darunter auch die Verhaltensforscherin Ruth Chang, beschäftigt die Frage, was es bedeutet, unter Druck schwierige Entscheidungen zu treffen. Als schwierige Entscheidung betrachtet sie zum Beispiel die anstehende Berufswahl, die Entscheidung für einen Partner oder eben auch diverse Führungsentscheidungen unter besonderen Umständen (Fusionen, finanzielle Restriktionen, Personalknappheit etc.). In all ihren Studien beobachtet sie, dass die Herangehensweise an Entscheidungen stets dieselbe ist: Menschen versuchen, oft ungleiche Alternativen gegeneinander abzuwägen. Dabei nutzen sie Zahlen oder andere vordergründig logisch erscheinende Hilfsmittel: „Seit der Aufklärung denken wir, dass Logik und Wissenschaft Schlüssel zu jedem Problem seien", fasst Chang 2014 zusammen.[2] Der Entscheider bedient sich dabei stets derselben drei normativen Aussagen:

- etwas ist besser als die Alternative,
- etwas ist schlechter als die Alternative und
- etwas ist genauso gut wie die Alternative.

Chang betont, dass der Entscheider, nach reiflicher Überlegung, nach vermeintlich objektiven Gesichtspunkten und intensivem Nachdenken, oft genug feststellen muss, dass es gar nicht immer eine beste Alternative gibt, für die er sich entscheiden kann („there is no best alternative"[3]).

Wir erinnern uns diesbezüglich an das Beispiel vom Buridan-Esel, welches nun in einem neuen Kontext erscheint: Dass das Ausbleiben einer besten Option Entscheidungsdilemmata auslösen kann, führt Chang darauf zurück, dass gerade unter Druck und in schwierigen Entscheidungssituationen ungleiche Parameter miteinander verglichen werden.

Davon einmal abgesehen: Längst nicht nur Führungskräfte, sondern alle natürlichen Personen sind Entscheidungsträger. Und Führungskräfte wie auch Privatpersonen stehen vor demselben Problem. Unterscheiden kann man allenfalls darin, dass Führungskräfte, Kraft ihrer Entscheidungskompetenz, über Dinge und Handlungen entscheiden, die Auswirkungen auf andere haben. Das bedeutet, sie treffen Entscheidungen oder zumindest Vorentscheidungen, die von anderen ausgeführt werden. Mitarbeiter, wenn wir im unternehmerischen Kontext bleiben, haben darum eine Durchführungs- bzw. Ausführungskompetenz. Aber selbstverständlich haben auch private Entscheidungen Auswirkungen auf das eigene Umfeld, wenn auch die Beziehung zwischen den Akteuren eine andere ist als im beruflichen Bereich.

> **Fazit**
>
> Entscheidungen begegnen uns tagtäglich. Wir sind sowohl im beruflichen als auch privaten Bereich mit einer Vielzahl an Entscheidungen konfrontiert. Entscheidungen zu treffen – und zwar gute und nachhaltige – stellt eine Königsdisziplin dar.
>
> Um dies umzusetzen, benötigen wir Klarheit und ausreichend Gründe, auf deren Basis wir unsere Entscheidungen vollziehen.
>
> Dabei ist es nicht ausreichend, verschiedene Optionen zu vergleichen und die beste zu wählen, denn oftmals existiert diese „beste" Option gar nicht.

> Wir benötigen ein anderes Vorgehen und ein anderes Instrumentarium, um gute Entscheidungen in allen Lebenslagen treffen zu können.

Endnoten

1. The Death and Life of Management. A Global BCG Survey Uncovers Rising Dissatisfaction Among Managers and Unwillingness Among Workers to Become Bosses. Agile Can Be an Antidote to This Existential Crisis. Quelle: https://www.bcg.com/d/press/18september2019-life-and-death-of-management-229539
2. Chang, R.: Making comparisans count. Psychology Press, Hove, 2. Aufl. 2002.
3. Ebd.

2

Entscheidungen fallen schwer – warum eigentlich

Inhaltsverzeichnis

Wie die Covid-19-Krise und die daraus erwachsenen Herausforderungen gezeigt haben, stehen viele, sogar hochqualifizierte Entscheidungsträger, dem Wandel eher machtlos gegenüber. Dies ist umso auffallender, da Apelle seitens der Öffentlichkeit, wie auch Kritik der Top-Berater, laut geworden sind. So verweist Wirtschaftsexperte und Managementberater Frank Riemensberger, dass die Pandemie ein Seismograf und nicht etwa Ursache für zu lang hinausgezögertes Handeln bzw. „verschlafene" Veränderungen etwa in der Automobilindustrie sei.[1]

Progressive Aufforderungen wie: „Entscheiden Sie!" standen und finden sich noch immer auf Buchtiteln und Management-Tagesordnungen. Dies verstärkt den Entscheidungsdruck aufs Individuum, ist aber menschlich

© Der/die Autor(en), exklusiv lizenziert durch Springer-Verlag GmbH, DE, ein Teil von Springer Nature 2021
J. Dahm, *Die Entscheidungs-Matrix,*
https://doi.org/10.1007/978-3-662-62375-6_2

natürlich nachvollziehbar. Menschen brauchen und wollen Orientierung und Entscheidungen für die eine oder andere Richtung.

Viele Entscheidungsträger ziehen sich, angesichts der Forderungen und des Drucks, zurück, um sich mit Entscheidungen Zeit zu lassen. Vielleicht regiert hier heimlich auch die Hoffnung, dass sich verschiedene Probleme von selbst lösen. Doch eine Entscheidung zu verzögern oder zu verschleppen, ist meist schlimmer, als eine falsche Entscheidung zu treffen. Falsche Entscheidungen können Sie korrigieren, nicht getroffene Entscheidungen wird man Ihnen im Nachhinein – und das vollkommen zu Recht – als Tatenlosigkeit vorwerfen. Tatenlosigkeit verzeiht man einer Führungskraft fast nie!

Die Furcht vor der neuen Freiheit

Als Individuum über Wahl- und Entscheidungsfreiheit zu verfügen, wird seit der Aufklärung als Gewinn an Freiheit betrachtet. Anders ausgedrückt: Wenn Wahlmöglichkeit in einer Gesellschaft, welche aus Individuen besteht, ein Mehr an Freiheit bedeutet, so wird diese gleichgesetzt mit Selbstverwirklichung und Glück.

Die Gleichsetzung von Glück und Wahlmöglichkeiten fordert seinen Tribut, denn Entscheidungen kosten Ressourcen, also Zeit und Energie. Diese Ressourcen sind knapp, darum fällt die Qual der Wahl zunehmend schwerer ins Gewicht: Sobald die Entscheidung zwischen Optionen Recherche von Hintergrundinformationen, Preisvergleiche und technische Details abfordern, muss uns am Gegenstand der eigentlichen Entscheidung viel liegen, andernfalls verlieren wir das unmittelbare Interesse - oder die Zeit für die Entscheidung verrinnt uns zwischen den Fingern. Dieser Druck wird inzwischen künstlich erhöht, indem Internetshops – Reisebüros, Flugbörsen etc. – preissensitive Käufer mit günstigen

Angeboten locken, diese aber im Preis erhöhen, je länger der Kunde sich mit seiner Entscheidung Zeit lässt, um Produkte oder Preise zu vergleichen. Das Gebot lautet: Raus aus der Vergleichsfalle zugunsten der schnellen Kaufentscheidung. Doch was passiert?

Im Zuge der intensiven Beschäftigung mit Details wird nicht nur das Entscheidungsfeld unüberschaubar, auch die Bandbreite an Optionen wird größer und variabler. Damit wächst der Zweifel an der vermeintlich besten Wahl. Bereits getroffene Entscheidungen geraten plötzlich gehörig ins Wanken. Diese Wankelmütigkeit steht nachhaltigen Entscheidungen natürlich gänzlich im Weg: War die ursprüngliche Absicht, mit der Entscheidung schneller zum Ziel zu kommen, wird der Entscheidungsprozess nun zum Spießroutenlauf.

Die Multioptionsgesellschaft überfordert die Menschen zunehmend, was für ihr Berufsleben als auch für ihr Privatleben gilt. Einfache Antworten und eindeutige Lösungen gibt es nicht mehr, aber viele sehnen sich danach. „Zu viel Information, zu viele Wahlmöglichkeiten, zu viel Konkurrenz" fasst Susanne Gaschke dieses Phänomen zusammen[2] und führt fort:

„Jeder, der heute 50 oder jünger ist, hat im Laufe seines Lebens das Gefühl kennengelernt, für alle seine Lebensentscheidungen ganz allein verantwortlich zu sein. Und diese zugespitzte Individualverantwortung ist unter paradoxen Bedingungen zu schultern. Während auf den Lohnsteuerkarten der Eltern die sichere Rente eingetragen wurde, die sie heute (völlig zu Recht) beziehen, wird die „Zuviel-Generation" seit mindestens einem Jahrzehnt mit der Aufforderung beschallt, gefälligst selbst vorzusorgen: von der Bundesregierung, von privaten Finanzdienstleistern, von Leitartiklern". Das Resultat: steigende Konkurrenz über alle Berufsgruppen, Skepsis gegenüber Entscheidungen, Stress und ein dauerndes Gefühl der Ohnmacht.[3]

Sind wir entscheidungsohnmächtig?

Ist diese Situation nicht auch ein wenig paradox? Oder anders gefragt: Sind wir denn wirklich so schlechte Entscheider? Hirnforscher und Psychologen wie Ernst Pöppel bestätigen, dass der Mensch sogar intuitiv bzw. unbewusst alle zwei bis drei Sekunden Entscheidungen trifft und diese Entscheidungen sogar, kraft seines Gehirns, unbewusst analysiert wurden, bevor wir sie spontan und bewusst getroffen haben.[4]

Unser Gehirn ist folglich so etwas wie eine Entscheidungsmaschine, die uns gerade hinsichtlich der alltäglichen Entscheidungsprozesse viel Arbeit abnimmt. Beispielsweise werden etliche Aktionen unseres Körpers völlig ohne unser Zutun oder unser Bewusstsein erledigt. Denken Sie nur daran, wann Sie das letzte Mal ans Blinzeln denken mussten. Dies gilt auch für antrainierte Fähigkeiten, die in einen Automatismus münden, wie zum Beispiel das Autofahren.

Doch alles kann das Hirn nicht selbst erledigen, denn hin und wieder wird der Hang zum Automatismus außer Kraft gesetzt. Zum Beispiel in Krisenzeiten oder bei Herausforderungen, mit denen wir noch nie im Leben konfrontiert wurden. Sobald unsere tägliche Routine durchbrochen wird, sind wir selbst am Zug.

Abgesehen von den unbewussten Entscheidungen, bleiben die Probleme, die uns vor Wahl- und Entscheidungsmöglichkeiten stellen und oberhalb der Bewusstseinsschwelle ablaufen. Sobald Intuition und Erfahrungswissen auf die Probe gestellt werden, stehen viele Menschen vor einer Entscheidungsohnmacht.

Wie kommt es dazu, dass wir angesichts unserer Wahlmöglichkeiten bisweilen überfordert sind? Warum fallen uns Entscheidungen schwer, und gibt es einen Ausweg aus der Entscheidungsohnmacht?

Inzwischen setzen sich ganze Wissenschaftszweige mit Entscheidungswegen, Entscheidungsschwierigkeiten und Entscheidungsprozessen auseinander. Dabei vertreten Neurologen, Soziologen, Psychologen, Verhaltensforscher tatsächlich die Ansicht, der von Barry Schwartz 2005 auf den Punkt gebrachten These[5]: „The more choice people have, the more freedom they have, the more welfare they have (...) but they are overwhelmed": „Je mehr Wahlmöglichkeiten, desto mehr Freiheit, desto mehr allgemeines Wohlergehen (…) Doch sie sind überfordert".

Schwartz rekurriert auf seine 2004 erschienene Publikation „The Paradox of choice" und untermauert seine Thesen mit dem Blick in ein gewöhnliches Supermarktregal. Dieses sei das ansehnlichste Beispiel für die explodierende Anzahl von Wahlmöglichkeiten. Dies betrifft beinahe jegliche Produktkategorie, egal, ob Sie sich die Auswahl an Joghurts oder die Auswahl an Katzenfutter zu Gemüte führen.

Schwartz' deutlich als Kapitalismuskritik formuliertes Fazit lautet: „We are no more able to make decisions without doctors, consultants, coaches explaining us products by chosing from advantages and disadvantages".

Selbst wenn wir von Joghurtbechern und Katzenfutter einmal absehen, Menschen können heute über so viele Kategorien in ihrem Leben entscheiden wie niemals zuvor. Diese dramatische Zunahme an Wahlmöglichkeit wirkt nur vordergründig wie die große Freiheit. Doch genau diese Form der Freiheit hat die Menschen nicht glücklicher gemacht. Eher das Gegenteil scheint der Fall zu sein: Psychologen sprechen in diesem Zusammenhang sogar von einer „Tyrannei der Wahl".[6]

Der Sozialpsychologe Erich Fromm hat in seinem bereits 1941 erschienenen Werk „Furcht vor der Freiheit" auf dieses Phänomen verwiesen und war damit einer der

Vordenker der Entscheidungstheorie. Eine der Haupt-
thesen des Buches lautet, dass der moderne Mensch auf
die positive Verwirklichung seines individuellen Selbst
noch nicht vorbereitet sei. Zu sehr sei er noch geprägt
von der vor-individuell geprägten Gesellschaftsstruktur,
die Halt und Sicherheit bot. Erstaunlich sind auch die
Beschreibungen der Fluchtmechanismen vor der Freiheit:

- Flucht ins Autoritäre,
- Flucht ins Destruktive und
- Flucht ins Konformistische.

All dies sind Neigungen, die wir heute stärker als jemals
zuvor in der Menschheitsgeschichte wahrnehmen.

Warum uns ein Zuviel an Optionen überfordert, ja gar
unglücklich macht, ist noch nicht eindeutig geklärt. Die
Forscher haben erst begonnen zu verstehen, welche Prozesse
während einer Entscheidungsfindung in uns vorgehen.
Sie entdecken dabei, wie sehr wir beeinflusst werden: von
unseren Hormonen, der eigenen Herkunft und der Familie
und natürlich von unseren spontanen Gefühlen oder vor-
herrschenden Stimmungen, der Manipulation durch
Sprache, Stimme und Absichten anderer etwa im Verkaufs-
gespräch. Sie zeigen aber auch, warum es so schwierig ist,
sich bewusst gegen gesellschaftliche Konventionen zu entscheiden und wie wir mit eventuellen Fehlentscheidungen
umgehen. Sehr viele Entscheidungen werden tatsächlich
direkt oder indirekt von der Fehlerkultur, welche innerhalb
einer Familie, eines Unternehmens oder einer Gesellschaft
vorherrscht, beeinflusst.

Macht Auswahl wirklich unglücklich?
Gewiss wäre es falsch, zu behaupten, dass Menschen
grundsätzlich mit einer großen Auswahl an Wahloptionen
überfordert seien und diese überdies unglücklich seien.

Klassisches Gegenbeispiel ist der rückkehrende Urlauber, der zunächst vom Hotelbuffet berichtet und von der überbordenden Auswahl an Speisen, die keine Wünsche offengelassen habe, demzufolge der Urlaub ausgezeichnet gewesen sei. Der Urlauber hat weder alle Gerichte probiert noch sonst alle Programmpunkte wahrgenommen, aber er ist vollkommen zufrieden.

Es gibt also in Entscheidungsfindungsprozessen unterschiedliche Typen von Menschen, von denen sich manche leichter und manche schwerer dabei tun, Entscheidungen zu treffen und hinter ihnen zu stehen. Schwartz leitet aus seinen Studien ab, dass tatsächlich gar nicht alle Menschen in Entscheidungssituationen überfordert sind. Dabei differenziert er zwei wesentliche Kategorien von Entscheidern, in denen Sie sich vielleicht auch wiederfinden: Die „Chooser" („aktive Entscheider").

- Analysieren Möglichkeiten vor der tatsächlichen Entscheidung.
- Reflektieren, was im Leben wichtig ist.
- Reflektieren, was hinsichtlich der speziellen Entscheidung wichtig ist.
- Verstehen die kurz-, mittel- und langfristigen Konsequenzen ihrer Entscheidung.
- Verstehen, dass die Entscheidung Auswirkungen auf sie als Person hat.
- Verstehen, dass eine Alternative nicht so zufriedenstellend ist wie eine mögliche andere, und dass darum eine neue Wahl getroffen werden muss.

Schwartz unterscheidet zwischen den sehr reflektierten „Choosern" und den eher willkürlichen „Pickern". So bezeichnet er den häufig auftretenden Typus, der in Entscheidungssituationen zögerlich reagiert, willkürliche Versuche startet und auf den besten Ausgang hofft.

Die Picker (die auf die beste Option Wartenden).

- Schauen sich alles eher oberflächlich und planlos an.
- Hoffen stets, dass sich die beste Option von selbst auftut.
- Sind eher unentschlossen und überfordert, selbst in scheinbar belanglosen Fragen wie der Lieblingsfarbe.
- Treffen Entscheidungen nicht oder ungern.
- Treffen Entscheidungen eher ohne Rücksicht auf die Konsequenzen oder Auswirkungen auf andere.

> Wenn Sie herausfinden möchten, zu welcher Kategorie von Entscheidungstypen Sie persönlich tendieren, dann eignet sich mein kostenfreies Entscheidungsassessment hervorragend zu diesem Thema. Weitere Informationen finden Sie unter: www.drjohannadahm.com/assessment.

Besonders anschaulich illustriert der Forscher dabei die Interessen der Consumer Marketing und Kundenorientierung gesteuerten Wirtschaft: Wahlmöglichkeiten und Entscheidungsfreiheit bis zur Überforderung ermöglichen, Beratungsleistungen und damit gelenktes Kaufverhalten zu manipulieren.

Die Verhaltens- und Entscheidungsforscherin Sheena Iyengar hat ihre Studien nicht in Europa und USA, sondern vornehmlich in Schwellenländern durchgeführt und argumentiert in die gleiche Richtung wie Schwartz. Auch sie artikuliert deutlich: Eine zu große Auswahl macht den Konsumenten nicht zwingend glücklich, auch wenn das Marketingversprechen der Wahlfreiheit das suggeriert.[7]

Uns soll an dieser Stelle einmal interessieren, wie alt diese Einsicht der Wahltyrannei tatsächlich ist und wo das Sprichwort der Qual der Wahl seine Wurzeln hat: „Der die Wahl hat, hat die Qual" – „Der do hat dy wal, der hat auch den qual", findet sich bereits in einer Quelle des 15. Jahrhunderts[8] und beschreibt das von Schwartz und Iyengar konstatierte Dilemma. Wir wollen uns also anschauen, warum Entscheidungen schwerfallen. Was sind Gründe, aber vielleicht auch vermeintliche Vorteile aufgeschobener Entscheidungen? Und – viel entscheidender– wie lassen sich Entscheidungen doch leichter treffen, zumindest dann, wenn es sich um wichtige Entscheidungen handelt?

Wie mit dem Entscheidungdilemma umgehen?
Peter Drucker, Alles über Management (2007, 239) schreibt: „Eine Entscheidung ist ein Urteil. Sie ist die Wahl zwischen Alternativen. Sie ist nur selten die Wahl zwischen richtig und falsch. Oftmals ist die eine Wahl zwischen zwei Vorgehensweisen, von denen keine nach-weisbar richtiger ist als die andere." Der Management-berater rät zu einem Zweischritt,

1. sich gut zu informieren über das, was getan werden muss und
2. die Entschlossenheit zu haben, es auch zu tun.

Doch die amerikanische Philosophin Ruth Chang widerspricht: Gerade bei schweren, zum Beispiel den eigenen Lebensverlauf treffenden Entscheidungen („Hard Choices" so der gleichnamige Titel ihrer Publikation) ist es mit dem Sammeln von Informationen nicht getan, zumal Wahlalternative oft individuell nicht zu vergleichen sind: Ist es klug, aus Karrieregründen lieber nach Frankfurt zu ziehen oder in München zu bleiben? Welche Wahl ist die richtige: Karriere machen oder zu Hause einen Elternteil pflegen?
Entscheidungsdilemmata werden Chang zufolge von Werten wie Liebe und Verantwortung beeinflusst und ausgelöst, die weder mit Gehalts- oder Karriereaspekten

vergleichbar sind, noch mit dem Wert der Freiheit auf-
zuwiegen sind. Erschwerend kommt hinzu, dass diese
Werte bei jedem Menschen unterschiedlich gewichtet
sind und somit einer objektiven Beurteilung nicht unter-
zogen werden können. Gerade aus eigener Erfahrung kann
ich sagen, dass in Rekrutierungsprozessen diese Kriterien
zu häufig vernachlässigt werden und bei Vorgesetzten auf
Unverständnis stoßen. Doch dazu später.

Warum tun wir uns gern so schwer?
Entscheidungen verknüpfen wir seit René Descartes
(Abb. 2.1) – auf ihn geht der Satz „cogito ergo sum – ich
denke, also bin ich" zurück – mit der Rationalität: Ver-
nunftgeleitetes und zielgerichtetes Denken und daraus
abgeleitetes Handeln wird aus dem Verstand abgeleitet
und steht synonym für die Zweckmäßigkeit, für die
Berechnung und die Planung.
Der Prozess läuft wie folgt ab:

1. Analyse,
2. Begründung,
3. Abwägung.

Hier werden die Grundwerte des Homo Oeconomicus,
des nutzenmaximierenden Menschen festgelegt: rationales
Handeln steht über allem, er denkt nutzenmaximiert,
wägt stets nach festgelegten externen Präferenzen ab und
strebt nach lückenloser Information und Konsequenzen.
Beispiel: Wir betanken unsere Pkw noch immer mit
Benzin. Es ist uns längst bekannt, dass diese Form des
Treibstoffes nicht die optimale Art ist, da sie horrende
Schäden an der Umwelt verursacht. Doch sie ist vor
allem eines, nämlich billig und relativ leicht verfügbar.
Unsere gesamte Wirtschaft ist – noch – auf diese Form des
Antriebes aufgebaut.

Abb. 2.1 Descartes

Schon seit Jahren gibt es gangbare Alternativen, wie die Elektromobilität oder den Wasserstoff. Diese Antriebe erfordern jedoch massive Investitionen in Infrastruktur und Co., weshalb sie sich bis dato noch nicht vollends durchsetzen konnten. Tesla und VW scheinen in der Elektromobilität jedoch Pionierarbeit zu leisten und diese Form des Antriebes massentauglich zu machen. Wenn nun der Preis für Öl drastisch steigen würde, würden uns die eben genannten Alternativen attraktiver erscheinen. Wir machen unsere Entscheidung mithin lediglich vom Preis abhängig und schieben den unvermeidbaren Umstieg einfach in die Zukunft hinaus.

Auch wenn mehr und mehr postuliert wird, Emotionen bei der Entscheidung zumindest zu berücksichtigen, andere Forschungszweige sogar dem „Bauchhirn" vor dem „Kopfhirn" Deutungsmacht einräumen, zeichnet sich kein Paradigmenwechsel des Homo Oeconomicus als Entscheidungshoheit ab. Demgemäß werden Spontan-entschlüssen, intuitive Entscheidungen, zumal im Unternehmenskontext mit Argwohn beäugt, das sogenannte „Bauchgefühl" hat sich als ernstzunehmende Instanz bislang nicht durchgesetzt.

Nicht getroffene Entscheidungen kosten Geld

Wer allzu viel bedenkt, wird wenig leisten[9]– Das Dilemma nicht getroffener oder aufgeschobener Entscheidungen bedeutet nicht nur gefühlten Stress, schlaflose Nächte oder Angst vor den möglichen Folgen. Nicht getroffene Entscheidungen kommen uns mitunter auch teuer zu stehen.

So weist etwa der Schweizer Ökonom Mathias Binswanger darauf hin, dass

> „die Opportunitätskosten (nicht getroffener Entscheidungen) dadurch ansteigen, dass sich ständig alles verändert. Kaum hat man sich für ein bestimmtes Notebook oder ein Mobiltelefon entschieden, kommt ein besseres oder billigeres auf den Markt und lässt den vorherigen Kaufentscheid als nicht mehr optimal erscheinen. Firmen machen sich dieses Phänomen durchaus zunutze: So hat etwa der Software-Entwickler Apple, um die sogenannte Nachkaufdissonanz (=Kaufreue) zu vermeiden, bereits vor Jahren jedem gekauften Laptop eine DVD beigelegt, auf welcher damals der Gründer Steve Jobs zu sehen war, der den Kunden noch einmal für den Kauf eines exklusiven Apple-Produktes gratuliert hat. Dem Kunden wurde suggeriert: Wenn sogar Steve Jobs mir zum Kauf gratuliert, dann liege ich mit meiner Wahl doch richtig, oder?

Dieses Problem ist wiederum da besonders spürbar, wo Entscheidungen langfristige und/oder irreversible Konsequenzen haben. Aus diesem Grund versuchen immer mehr Menschen, aber auch Institutionen, Entscheidungen ganz und gar zu vermeiden".[10]

Man denke etwa an unbequeme Unternehmensentscheidungen und deren Kommunikation. Dem Trend des agilen Managements zum Trotz, nehmen demokratisch veranschlagte Management-Zirkel, Erfahrungsaustausch-Gruppen, Arbeitskreise und Change-Managementteams der Anzahl nach und auch in der Zeit, die sie konsumieren zu. Die Folgen illustriert Florian Artinger im Zuge einer Studie des Max-Planck-Instituts von 2019 sehr anschaulich: „Defensive Entscheidungen sind in vielen Organisationen weit verbreitet. (…) Selbst in den obersten Führungsebenen trifft man Entscheider, bei denen viele der wichtigsten Entscheidungen nicht primär im besten Interesse der Organisation sind, sondern zuerst dazu dienen, sich selbst zu schützen"[11].

Man gewinnt den Eindruck, dass Entscheidungskompetenz an der perfekten Entscheidung und nicht an der Entscheidungsrichtung gemessen wird, was das Abwägen aller erdenklichen Möglichkeiten und Konsequenzen ebenso unumgänglich wie unendlich macht. Die Angst vor dem Versagen in Entscheidungssituationen überwiegt den Entscheidungsdruck, was den dauernden Aufschub der zu treffenden Entscheidung nach sich zieht. Gibt es eine Möglichkeit, diesem Entscheidungsdilemma zu entfliehen?

Beispiel

Peter ist Führungskraft und CEO einer Firma und wird mit folgender Situation konfrontiert: Eine Produktionsstätte ist abgebrannt und durch diesen Brand wurden alle Lieferbestände vernichtet. Der Schaden geht in die Millionen, und auftretende Lieferengpässe sind vorprogrammiert. Was wird Peter tun?

Wir werden Peter im Verlaufe des Buches noch begegnen und sein Handeln nachvollziehbar machen.

Der angeführten BCG-Studie folgend werden über 60 % der mit kraft ihres Amtes durch Entscheidungskompetenz ausgestatteten Führungskräfte zu keiner Entscheidung kommen und darum auch keine (guten) Anweisungen zur Aus- und Durchführung an ihre Mitarbeiter geben können.

Die fatalen Folgen dieses Zögern und Zauderns sehen wir im Alltag: Meetings werden einberufen, die sich bis in die späten Abendstunden ziehen. Die Ursachen einer Engpasssituation werden analysiert, die möglichen Handlungsspielräume ausgedehnt statt abgesteckt, die Verantwortung für Entscheidungen anderen zugeschoben und das Warten auf Antworten vertagt. Eines der populären Beispiele ist das Eingeständnis des neuen Daimler CEOs Ola Källenius, den Trend der Elektromobilität „verschlafen" zu haben.[12] So wurde Källenius zufolge die Entscheidung, in neue Technologien zu investieren, zu lange vertagt und statt dessen durch das Experimentieren in anderen Geschäftsfeldern hinausgezögert. Umso dringlicher und auch schwieriger sei es jetzt für den Automobilhersteller, zu fokussieren und mit anderen Fabrikaten nachzuziehen.

Gerade Unternehmen wie Daimler beschäftigt gerade in Spitzenpositionen hochdotierte und erfahrene Entscheider – doch selbst diesen scheinen substanzielle Entschlüsse schwerzufallen, sich auf Optionen zu einigen und zwischen Option A und Option B zu entscheiden. Was sind gerade hier die Gründe dafür?

Bei näherer Betrachtung von Diskussionen in Managementteams fällt auf, dass Optionen und deren Unterschiede oft länglich debattiert werden. Sobald aber bei einer möglichen Entscheidung für eine Option Folgeprobleme auftauchen könnten, die eher vermieden werden sollen – und dies ist eher die Regel denn die Ausnahme -, wird die Entscheidung aufgeschoben, ausgesessen oder schlicht überhaupt nicht getroffen.

Beispiel

Ein Managementteam hat die Wahl zwischen zwei Beratungsunternehmen. Das eine ist weniger bekannt, aber hoch spezialisiert und würde einen Senior Consultant schicken, wogegen die andere Beratung sehr bekannt ist, aber auch sehr teuer, im Vergleich zur ersten. Letztere würde nur einen Junior Consultant schicken. Das heißt, man weiß ganz genau, dass die bessere und gleichzeitig günstigere Leistung von der kleineren Beratung erbracht werden würde.

Die Entscheidung zugunsten der renommierten Beratungsfirma, die nur den Junior Consultant schickt, würde eine Defensiventscheidung bedeuten.

Für den Fall, dass das Projekt schiefgeht, kann so das Management immer darauf verweisen, dass man ja viel Geld für die bekannte Beratung ausgegeben hat. Dies stellt eine elegante Möglichkeit dar, sich eben vor Kritik im Nachgang abzusichern. Eine weitere Möglichkeit ist eben das Verschleppen der anstehenden Entscheidung, indem man wartet, bis der anstehende Beratungsbedarf sich von selbst erübrigt hat oder die Amtsperiode des beauftragenden Topmanagements vorüber ist.

Eigentlich eine einfache und offensichtliche Entscheidung, doch die Verantwortlichen scheinen mit der Situation überfordert. Barry Schwartz beobachtet diese Überforderung („Paralyse") bzw. das Phänomen des Aufschubs in Wahl- und Entscheidungssituationen in seinen Studien: Gab man Investoren die Auswahlmöglichkeit zwischen 10 verschiedenen Investmentfonds, um Kapital anzulegen, sank das Anlegerinteresse um 2 %. Bei 50 verschiedenen Fonds sank das Interesse gar um 10 %.[13]

Welche Erkenntnis kann man daraus nun für Führungskräfte schlussfolgern? Offenkundig besteht eine

Korrelation zwischen echtem Interesse und Führungs-
qualität. Anders ausgedrückt: Nur wirklich ambitionierte,
intrinsisch motivierte Führungskräfte entwickeln ihre
Methode zur Entscheidungsfindung, auch unter Druck
und in schwierigen Situationen. Diese Führungskräfte
scheinen auch keine Probleme damit zu haben, unkon-
ventionelle Entscheidungen, gegen Hierarchien oder
über ihre Gewohnheiten hinaus, zu treffen, selbst wenn
das kurzfristig negative Implikationen nach sich ziehen
könnte.

> **Tipp**
> Wir beobachten in unseren Seminaren, welche Fortschritte
> und bessere Betriebsergebnisse gerade Führungskräfte,
> Trainer und auch agile Coaches durch die Herbeiführung
> schneller Entscheidungen erzielen können.
>   Fallbeispiele dazu finden Sie unter
>   www.drjohannadahm.com/entscheidungsseminar.

Kompetenz schlägt Hierarchie?!
Was heißt das nun in Bezug auf das Beispiel von Peter
und der abgebrannten Produktionsstätte? Natürlich hätte
er über seinen Vertrieb die Kunden beschwichtigen und
um Nachsicht für verspätete Lieferungen bitten können.
Dies hat er aber nicht getan. Im Gegenteil, sein Krisenstab wurde autorisiert, binnen 12 h ein Lösungsszenario
zu schaffen. Ziel war es, dass kein Kunde zu spät beliefert
werden würde.

Das Problem wurde schließlich so gelöst, dass über
eine außereuropäische Produktionsstätte, zumindest
zwischenzeitlich, weiter produziert und mit Beständen von
Grossisten die Lieferkette aufrechterhalten wurde. Dazu
musste Peter mehr investieren, verlor jedoch durch sein
engagiertes Vorgehen keinen einzigen Kunden. Er nahm

kurzfristige „Schmerzen" (höhere Kosten, Überstunden seines Teams) in Kauf, um langfristige Erfolge feiern zu können.

Wie ist Peters Entscheidung nachzuvollziehen? Zunächst war seine Prioritätensetzung klar und präzise: Eine verzögerte Auslieferung beim Kunden war für ihn absolut zu vermeiden. Dafür nahm er andere mögliche Konsequenzen in Kauf, z. B. Kosten, Zeit oder die Auseinandersetzung mit Hierarchien. Er löste das Problem der Durchführung, indem er die Kompetenz (Krisenstab) über die Hierarchie (CEO, in dem Falle die eigene Person) stellte. Der Druck bei Entscheidungen ist also nicht die Entscheidung an sich, sondern das, was die Entscheidung mit sich bringt oder besser: das, was während und im Nachgang an die Entscheidung geschehen würde. Deswegen ist es so wichtig, nicht nur die Krise bzw. den auftretenden Konflikt, sondern Folgen und Ziele vor Augen zu haben, wenn wichtige Entscheidungen zu treffen sind.

Diese Krisensensibilität und Zielorientierung sind in der deutschen Unternehmenslandschaft, zumindest dann nicht an der Tagesordnung, wenn es um langfristige Planbarkeit, personelle Restrukturierung und Demografie geht.

So waren etwa der demografische Wandel und der Fachkräftemangel seit 1997 kommunizierte Spannungsfelder, mit entsprechender Vorausschau gehandelt wurde indes nicht. So wurde auf eine perspektivische Personalplanung ebenso verzichtet wie auf eine Unternehmensrepräsentanz, die über eine bloße Image-Darstellung hinausgeht, obwohl CEO sich des Nachfolgemangels und des Kompetenzwandels durchaus bewusst waren und heute mehr denn je sind. Darum formuliert Jean-Marcel Kobi zurecht, dass „die voraussehbaren demografischen Folgen noch immer viel zu wenig ernst genommen" werden.[14]

Sogar in absehbaren Krisen und Konflikten tendieren Entscheider also, nicht zu entscheiden bzw. nicht von

gewohnten Pfaden abzuweichen. Ist diese Entscheidungs-
müdigkeit etwa eine Folge eines evolutorischen Prozesses,
den wir durchlaufen haben, indem das limbische System
auf Stress mit Flucht reagiert? Kann es sein, dass wir auch
auf Zahlen, Daten und Fakten mit Flucht, Angriff oder
Verteidigung reagieren?

> **Fazit**
>
> In Entscheidungsprozessen wird rationales Vorgehen
> angestrebt. Dazu gehört das Analysieren, das Abwägen
> von Optionen und das daraus folgende Handeln. Ein
> rationales Vorgehen würde bedeuten, sämtliche Optionen
> und Konsequenzen des eigenen Entscheidungsprozesses zu
> kennen. Dass dies niemals der Fall sein kann, liegt auf der
> Hand. Hinzu kommt der emotionale Teil der Entscheidungs-
> findung. Jeder von uns hat unterschiedliche Vorlieben und
> Werte, nach denen er handelt. Somit ist es evident, dass
> verschiedene Personen in derselben Entscheidungssituation
> zu unterschiedlichen Ergebnissen gelangen.
>
> Das endlose Auflisten von Optionen und Konsequenzen
> führt dazu, dass es noch schwieriger wird, nachhaltige und
> der Situation angepasste Entscheidungen zu treffen. Im
> schlimmsten, aber nicht unwahrscheinlichen Fall, tendieren
> Menschen dazu, die Entscheidung aufzuschieben oder
> sie erst gar nicht zu treffen, was die Situation in weiterer
> Folge noch verschlimmert. Damit dies nicht geschieht,
> muss eine andere Methode der Entscheidungsfindung
> angewendet werden.

2.1   Archetypen von Entscheidern

Unabhängig davon, ob kritische Entscheidungen im Unternehmenskontext oder im Privatleben getroffen werden
müssen, wäre es für die schnelle Entscheidungsfindung hilf-
reich, anhand einer speziellen Typologie, eigene Verhaltens-
muster zu erkennen und gegebenenfalls zu korrigieren.

Dieser spannende Forschungsbereich beschäftigt die Sozialwissenschaften bereits tatsächlich seit dem 19. Jahrhundert und ist unter anderem von William James intensiv diskutiert worden.

Der US-Psychologe und Mitbegründer des Pragmatismus William James führte einst das Fach Psychologie an amerikanischen Universitäten ein. Der Zusammenhang von Emotion und Handeln stand dabei im Fokus seines Interesses. Auf ihn geht der Satz zurück: *„Wenn du eine Entscheidung treffen musst und du triffst sie nicht, dann ist das auch eine Entscheidung".* James untersuchte folglich das Phänomen der tatsächlichen Entschiedenheit von Entscheidern und fand heraus, dass diese nicht immer gegeben ist, jedoch erlernt und trainiert werden kann.

Die Entscheidungs-Archetypen nach William James
Was ist ein Archetyp?

Ein Archetyp ist ein Idealbild, eine Übertreibung der Realität. Er funktioniert ähnlich wie beispielsweise ein gleichseitiges Dreieck in der Geometrie, dass es in der Realität gar nicht gibt, es uns aber fantastische Möglichkeiten der Erkenntnis bietet. Ein Archetyp funktioniert in den Sozialwissenschaften ähnlich wie das gleichseitige Dreieck in der Geometrie. Diese Extremausprägung hilft uns dabei, uns selbst besser kennenzulernen. Jeder von uns hat jeden dieser Archetypen in sich vereint. Je nach Erziehung, Vorlieben, Situation und Kontext kommen unterschiedliche Aspekte dieser verschiedenen Typen zum Vorschein.

Beispiel

- Typ 1: Rationaler Typ – die Argumente für oder gegen eine Handlung werden gegeneinander abgewogen. Die Entscheidung und die darauffolgende Handlung ist dann nur mehr eine logische Schlussfolgerung, die sich zwingend, aufgrund des Informationsfundamentes, ergibt. James betont, dass es bei dieser Form des effizienten Entscheidens und Handelns Voraussetzung ist, dass ein Problem als dringlich beurteilt wird, sodass es auch dringlich erscheint, zu handeln. Das macht es quasi unmöglich, eine Entscheidung aufzuschieben oder überhaupt nicht zu entscheiden.

- Typ 2: Harmonie-Typ – Eine Entscheidung wird in Anlehnung an andere Menschen getroffen und ein Handlungsweg definiert. Dies geschieht, bevor alle eventuellen Optionen ins Kalkül gezogen wurden.
Hier geht es darum, eine Entscheidung zu treffen, die anderen gefällt oder eine Gruppendynamik bzw. -harmonie intakt hält. Typ 2 entscheidet ggf. um den Preis, dass diese Handlungsalternative mittel- und langfristig nicht die optimale ist. Kurzfristig jedoch wird im Sinne der Gruppe entschieden und langfristige Konsequenzen werden ausgeblendet.
- Typ 3: Fremdgesteuerter Typ – Eine Entscheidung wird ohne intensive Beschäftigung mit der Problemstellung und auf Anraten anderer getroffen. Die Erleichterung ist groß, eine Entscheidung getroffen zu haben, selbst wenn sie ursprünglich gar nicht die eigene und vielleicht auch nicht die optimale war. Typ 3 nimmt in der Folge unmittelbar an, dass seine Entscheidung die richtige war und hinterfragt den Entscheidungsprozess in keiner Weise. Verantwortungen für eventuelle Fehlentscheidungen können sehr leicht abgeschoben werden bei Bedarf.
- Typ 4: Radikaler Typ – Beim Abwägen aller evidenten Handlungsoptionen ist er zu keinem Sinneswandel bereit, selbst wenn die Entscheidung bisherige ethische und moralische Überzeugungen infrage stellt.
- Typ 5: Perfektionistischer Typ – Eine Entscheidung wird, wenn überhaupt, nur nach größtem Aufwand getroffen. Es werden alle Handlungsoptionen durchdacht und alle nur erdenklichen Konsequenzen ins Kalkül gezogen.
Die tatsächliche Handlung wird, aus Perfektionsstreben, aufgeschoben, unter dem Vorwand der Rationalität und dem Bestreben, die perfekte Entscheidung zu treffen. Im Gegensatz zu den bereits beschriebenen Typen, wird Typ 5 aller Wahrscheinlichkeit nach nicht ins Handeln kommen.

James Typologie zeigt das Zusammenspiel von Erfahrung, Ratio und Emotion im Entscheidungsprozess. Diese Elemente sind zwar bei allen 5 genannten Typen unterschiedlich gewichtet, jedoch immer vorhanden.

Ratiogesteuerte Entscheider koordinieren Fakten und entscheiden nach dem Gefühl der Dringlichkeit (Typ 1). Je vielfältiger die Bewertungsmechanismen, z. B. Gruppendynamik, Harmoniestreben, Ansehen etc., desto schwieriger wird die Entscheidung. Menschen tendieren dann zu Entscheidungshelfern, zu Beratern, zu Peer Groups etc., die dabei helfen sollen, Klarheit und Orientierung zu erlangen.

Fazit

Um die eigene Entscheidungsfähigkeit zu kultivieren, ist es unumgänglich, Verstand und Emotion in Einklang zu bringen. Selbst dann, wenn es nicht gleich zu einer Entscheidung kommt, muss analysiert werden, was Unbehagen bereitet und dadurch den Entscheidungsprozess negativ beeinflusst. Wenn auf dem Weg zur Entscheidung erkannt wird, dass diese zu Harmonieentzug (Liebesentzug), mangelndem Ansehen oder Wertekonflikten führt, kann dieser Umstand zuerst analysiert und ggf. kommuniziert werden. Ist dafür die Lösung gefunden, fällt die anschließende Entscheidung wesentlich leichter.

Entscheidungsprozesse in Wirtschaftsorganisationen: Ist genug schon genug?

Der Sozialwissenschaftler und spätere Ökonomie-Nobelpreisträger Herbert Simon widmete sich verstärkt der Entscheidungsfindung innerhalb von Organisationen. Mithilfe von Computersimulationen war er erstmals in der Lage, auf Basis von mathematischen Theoremen menschliche Entscheidungswege nachzuweisen. Dabei kristallisierten sich zwei verschiedene Strategien heraus, Entscheidungen zu treffen:

- Typ 1/Satisfying: Man gibt sich mit der erstbesten Option zufrieden.
- Typ 2/Maximizing: Man sucht so lange nach Alternativen, bis die vermeintlich beste Lösung gefunden ist.[15]

Simons Typ 1 (Satisfying) subsumiert – verknappt dargestellt – die bei James aufgeführten Typen 1–4. Alle stellen die Lösung über das eigentliche Problem und sehen in der Handlung die befriedigende Option („satisfaction").

Für Simon sind Lösungswege und -werte, aus denen heraus die Handlungsoption gewählt wird, weniger relevant. Entscheidend ist vielmehr die Wahl der Handlung selbst. Diese setzt voraus, dass das Ergebnis auch wirklich erstrebenswert ist. Dazu muss der Entscheider auch in der Lage sein, Ist- und Sollzustand zu unterscheiden und ein Urteil zu fällen.

Typ 2 (Maximizing) hingegen ist deckungsgleich mit James 5. Typ, der durch Streben nach Perfektion, Nutzenmaximierung oder der vermeintlich besten Option nicht ins Handeln kommt. Sein Bestreben ist die Sicherheit, sowohl den aktuellen wie auch den zukünftigen Zustand möglichst genau zu erfassen. Doch mit einem zunehmenden Maß an Information und Recherche wird der Entscheider zunehmend verunsichert, und es kommt zur Stagnation des Entscheidungsprozesses.

Doch herrscht gerade in Organisationen der vermeintliche Anspruch an Führungskräfte, in agilen Unternehmen vermehrt auch Mitarbeiter, richtig und schnell zu entscheiden. Schließlich geht es um Produktion, Qualität, Leistung, Effizienz, Unternehmenszukunft und letzten Endes auch um menschliche Existenzen.

Darf diese Kompetenz von persönlichen Veranlagungen oder individuellen Begabungen abhängig sein? Oder ist Entscheiden sogar professionell erlernbar, nicht nur individuell, sondern auch auf der organisationalen Ebene?

Wie steht es um die Entscheidungsfähigkeit und Entschlusskraft von Führungskräften,

- tatsächlich Schritte zu unternehmen, Mitarbeiter zu entwickeln und Motivation zu fördern?
- interdisziplinäre Teams mit der Hinterfragung und Optimierung etablierter Abläufe zu beauftragen?
- gemeinsame Visionen zu entwickeln und diese mit Werten und Zielen der Organisation in Einklang zu bringen?
- im Team zu lernen, Erfahrungen zu reflektieren und Erfahrungen gegen neues Wissen und Kompetenzen auszutauschen?
- nicht in Teams oder Abteilungen, sondern als System zu denken – ggf. auch über die Grenzen der Organisation hinaus – und Wissen sowie Erfahrungen allen Beteiligten offen zur Verfügung zu stellen?

Diese fünf Aspekte hat Peter Senge bereits 1969 in seinem Konzept der lernenden Organisation festgehalten. Seine Motivation, Höchstleistung einzelner und Organisationen als Ganzes zu fördern, basierte auf der Erkenntnis, dass „Unsere Unfähigkeit, die zunehmend komplexen Systeme der Welt zu begreifen und zu handhaben, … die Hauptursache der meisten Menschheitsprobleme [bildet]".[16]

Senge vertrat die Ansicht, dass Führungskräfte Komplexität nicht dadurch bewältigen, dass sie ihr mit Perfektionsstreben oder Managementkonzepten begegnen. Ein Unternehmen solle vielmehr Lernumgebung der Akteure sein, der kontinuierlichen Optimierung von Wissen und Mensch und Organisation dienen.

Aber ist diese Entscheidung bis heute auch nur in Ansätzen getroffen? Wie sieht es gerade in historisch gewachsenen Organisationsstrukturen aus, die sich über Tradition definieren? Wie können hier Mensch und

Organisation Herausforderungen und zusehends wachsender Komplexität begegnen?

> **Fazit**
>
> Der Erfolg und Misserfolg von Unternehmen ist abhängig von der Entscheidungskompetenz ihrer Mitglieder, genauer gesagt ihren Führungskräften. Obgleich tagtäglich hunderte oder tausende von Entscheidungen in Organisationen getroffen werden müssen und dies enorme Auswirkungen auf jeden einzelnen Mitarbeiter und die Zukunft des Unternehmens haben, wird sehr wenig an dieser Fähigkeit gearbeitet. Im Gegenteil: Es wird lediglich verlangt, dass Höchstleistungen erbracht werden und Fehler auf jeden Fall zu vermeiden sind. Auf diesem Fundament kann es nicht zu einer Kultivierung der Entscheidungsfähigkeit der Führungskräfte kommen, da lediglich die Fehlerminimierung Priorität genießt. Entscheidungen bedeuten jedoch auch immer eine Bereitschaft dazu, Fehler zu begehen. Der Umgang mit ihnen ist entscheidend, wie Peter Senge sehr schön skizziert. Eine lernende Organisation ist geprägt von einem professionellen Umgang mit Fehlern, denn diese sind für die Weiterentwicklung von Unternehmen und Menschen unerlässlich.

Endnoten

1. https://www.augsburger-allgemeine.de/wirtschaft/Experte-Corona-Krise-deckt-grosse-Defizite-bei-Digitalisierung-auf-id57474801.html
2. „Wie sich die „Generation zuviel" sich selbst überfordert" von Susanne Gaschke in: Die Welt, 28.01.2015.
3. Bertram, H.: Die überforderte Generation: Arbeit und Familie in der Wissensgesellschaft. Leverkusen 2014.
4. Pöppel, E.: Zum Entscheiden geboren: Hirnforschung für Manager, München 2008.
5. TED Global 2005: The paradox of choice.

6. Damasio, A.: Descartes' Irrtum. Fühlen und Denken des menschlichen Gehirns, München 2005. Desweiteren Saleci, Renata: Die Tyrannei der Freiheit. Warum es eine Zumutung ist, sich anhaltend entscheiden zu müssen. München 2014.

7. Iyengar verweist auf den Starbucks Slogan „Happiness is in YOUR choice". Siehe dazu das University Paper on Sheena Iyengar: Eternal Quest for the Best: Sequential (vs. Simultaneous) Option Presentation Undermines Choice Commitment
https://www0.gsb.columbia.edu/mygsb/faculty/research/pubfiles/5045/Mogilner%20Shiv%20Iyengar%20Eternal%20Quest.pdf

8. Hofmann: Johannesminne und deutsche Sprichwörter aus Handschriften der Schwabacher Kirchen-Bibliothek, in: Sitzungsberichte der königl. bayer. Akademie der Wissenschaften zu München, Jg. 1870, Band II, München 1870, S. 30, Nr. 49

9. Schiller, F.: Wilhelm Tell, 1802–1804. 3. Akt, 1. Szene

10. Binswanger, M.: Die Tretmühlen des Glücks. Freiburg, Basel Wien, 2006
Weitere Ausführungen zu Opportunitätskosten und Prokastrination auch bei Fechner, H. B., Schooler, L. J., & Pachur, T.: Cognitive costs of decision-making strategies: A resource demand decomposition with a cognitive architecture. In: Cognition, 170 (2018), pp. 102–122.

11. Artinger, F. M., Artinger, S., & Gigerenzer, G. (2019). C. Y. A.: Frequency and causes of defensive decisions in public administration. Business Research, 12(1), p. 9–25.

12. https://www.bw24.de/stuttgart/daimler-ag-ola-kaellenius-strategiewechsel-coronavirus-baden-wuerttemberg-louis-vuitton-luxus-e-auto-90011177.html

13. Schwartz, B.: The paradox of choice. New York, 3. Aufl. 2016.

14. Kobi, J.-M.: Personalmanagement. Strategien zur Steigerung des People Value. 3. Auflage 2011, S. 45

15. Sparks, E. A., Ehrlinger, J., Eibach, R. P.: Failing to commit: Maximizers avoid commitment in a way that contributes to reduced satisfaction. Personality and individual differences. edn. 52, vol. 1 (2012), pp. 72–77.

16. Ebd. Ergänzung der Autorin.

3

Die Entscheidungsmatrix

Inhaltsverzeichnis

Langwierige Entscheidungsprozesse hemmen Arbeitsabläufe erheblich und senken die Motivation. Doch alle Ansätze, dies zu beheben oder zumindest zu erleichtern, scheinen das Problem bis dato eher zu verschlimmern.

Man denke in diesem Zusammenhang nur an die massive Zunahme der Bürokratisierung: Allein das Erheben und die Auswertung von Daten, zum Beispiel Mitarbeiterumfragen und die Abwägung von Vorschlägen aus Ideen-Think-Tanks oder das Mehrvolumen durch

© Der/die Autor(en), exklusiv lizenziert durch Springer-Verlag GmbH, DE, ein Teil von Springer Nature 2021
J. Dahm, *Die Entscheidungs-Matrix*,
https://doi.org/10.1007/978-3-662-62375-6_3

komplexe Scorecards, Punktesysteme oder Tabellen über-
steigt, zumindest gefühlt, das ursprüngliche Problem um
ein Vielfaches.[1]

Die gute Nachricht: Es ist einfach, gute Entscheidungen
zu treffen. Oder? So einfach scheint es uns gar nicht, weil
wir verlernt haben, einfache Lösungswege ins Kalkül zu
ziehen. Diese genießen keine besondere Wertschätzung
und werden deshalb sehr selten gewählt. Der Vorwurf,
wir würden es uns zu einfach machen, schwebt wie ein
Damoklesschwert stets über uns.

Uns fallen stets gute Gründe ein, die eine einfache Entscheidung zu verhindern oder zumindest zu erschweren.
Was bereits im Sprachgebrauch liegt: „Ach, wenn es nur
so einfach wäre". Was für einen Unbeteiligten, von außen
betrachtet, einfach aussehen mag, fühlt sich schwer bis
unmöglich an, sobald wir selbst beteiligt sind.

Es ist ähnlich wie beim Fußball: der Stürmer wirbelt
mit dem Ball am Fuß durch die mauernde Abwehr und
sieht nur mehr den Torhüter auf sich zulaufen. Eigentlich
müsste er den Ball nur mehr am Torhüter vorbeizirkeln.
Doch welche Seite soll er wählen? Links? Rechts? Soll er
den Ball über den herausstehenden Torhüter heben oder
doch einen Schuss durch die Beine wagen? Vielleicht
könnte er noch einmal einen Haken wagen und links an
ihm vorbeigehen. Oder doch etwa rechts? Es kommt, wie
es kommen muss und der Stürmer setzt den Ball neben
oder über das Tor. Obwohl alles so einfach gewesen wäre,
hat der Stürmer es sich so schwierig wie möglich gemacht.
Von der Tribüne aus (vorm Fernseher sowieso) war das
Tor bereits gemacht. Und selbstverständlich hätte es der
unbeteiligte Zuschauer sogar noch besser gemacht.

Ob nun im Fußball oder im Topmanagement— Nicht-
Handeln wird gleichermaßen durch den Agilitätsver-
hinderer „Komplexität" gerechtfertigt: Kurzgesagt war die
Situation zu schwierig bzw. es war zu viel im Weg. In einer

Agilitätsstudie der Unternehmensberatung Kienbaum Consulting wurde der Widerstand gegen Veränderung, Anpassung an die Anforderungen der Marktumstände, gegen agiles Handeln und dies erfordernde Entscheidungen folgendermaßen formuliert:

„Einzelne Personen, Gruppen oder ganze Organisationen tendieren nicht selten dazu, sich in ihrem Handeln ... an der Vergangenheit zu orientieren. Sie agieren in Routinen und Gewohnheiten und sind pfadabhängig. Die Menschen, Unternehmen oder Organisationen sitzen wie auf einer Rutschbahn, von der sie nie mehr herunterkommen"[2].

Wie können Sie nun von dieser "Kienbaum-Rutschbahn" abspringen? Um diese Frage zu beantworten, möchte ich Sie bitten, sich eine Situation vor Augen zu führen, die Sie aktuell besonders herausfordert. Dabei spielt es keine Rolle, ob diese beruflicher oder privater Natur ist.

Wenn es sich um ein ungelöstes Problem, eine schwierige Aufgabe handelt, dann erlauben Sie sich einmal, dieses Problem ganz einfach zu formulieren. Wir haben fälschlicherweise gelernt, dass Dinge nur dann etwas wert sind oder Bedeutsamkeit haben, wenn sie groß, komplex und schwierig sind. Doch schon der Philosoph Platon soll folgenden Satz gesagt haben: "In der Einfachheit liegt die Schönheit." Seien wir mal ehrlich zu uns selbst: wir bevorzugen die Eleganz der Einfachheit.

Viele Lehrmeister von Leonardo da Vinci bis Steve Jobs betonen sogar: Einfachheit ist die höchste Stufe der Vollendung. Deshalb soll von nun an der Satz: „Keep it simple!", auch in Entscheidungsprozessen Gültigkeit haben.

Wenn Krisen- und Turnaround-Managen sowie erfahrene Unternehmer sich dieser Technik bedienten, dann entweder um Beratungsbedarfe zu klären oder Entscheidungsprozesse voranzutreiben. Stets ging es um

Effizienz, um die Reduktion von Komplexität, die Erspar-
nis von Zeit, Geld und die Sicherheit im weiteren Verlauf.

Die Methodik bedarf weder einer weiteren Qualifikation, geschweige denn eines Studiums oder eines
speziellen Computerprogramms, um erfolgreich
angewendet zu werden. Sie brauchen keine Excel-Tabelle
und können ohne Vorkenntnisse beginnen, an der eigenen
Entscheidungsfähigkeit zu arbeiten.

Dabei gilt es festzuhalten, dass der Charakter einer Entscheidung stets gleich ist, völlig unabhängig vom Kontext
und unabhängig von den involvierten Personen. Sinn-
bildlich gleicht sie der Gabelung eines Weges, darum
steht das chinesische Schriftzeichen „jueding" (Abb. 3.1)
gleichermaßen für Entscheidung und Lösung und zeigt
eine Wegkreuzung. „Jueding" bedeutet in der wörtlichen
Übersetzung „sicher (jue) richten (ding)" und gehört zu
den 200 meist gebrauchten chinesischen Schriftzeichen.
Es bezieht den Vorgang des Abwägens mehrerer Optionen
ebenso wie den festen, abschließenden Entschluss für eine.
So wie der Weg in die eine oder andere Richtung führen
kann, kann man sich für den einen oder anderen Weg entscheiden. Dies gilt auch für das jeweilige Gedankenspiel
im Entscheidungsprozess: Jeder Lösungsweg kann auf ver-
schiede Weisen gedanklich entwickelt werden. Dies hat
gleich viele Vor- wie Nachteile.

Durch die Entscheidungsmatrix lassen sich zwei
oder mehr Alternativen in allen Facetten gegeneinander

Abb. 3.1   Jueding

abwägen, ohne bereits vorab eine Entscheidung treffen zu müssen. Was jedoch bei vielen Verfahren der Entscheidungsfindung unberücksichtigt bleibt, ist die Phase der eigenen emotionalen bzw. intuitiven Tendenz. Diese ist jedoch von enormer Relevanz, wenn die eigene Entscheidungsqualität gesteigert werden soll.

Eine Alternative, ein Szenario mag in der Analyse bzw. Auseinandersetzung noch so optimistisch aussehen, wenn die Intuition dagegenspricht, sollte diesem Unbehagen unbedingt auf den Grund gegangen werden, andernfalls tendieren wir zum stetigen Bereuen unserer Entscheidung bzw. hängen der anderen Alternative gedanklich nach. Diese Reue macht es uns anschließend schwieriger, spätere Entscheidungen konsequent zu vollziehen.

Die hier vorgestellte Entscheidungsmatrix ist folglich eine Best-Case-Worst-Case-Analyse, die eine Intuitionsabfrage voranstellt und gleichgewichtet. Im Anschluss werden zwei Szenarien anhand der möglichen Verläufe verglichen, sich mit den Vor- und Nachteilen bewusst auseinandergesetzt und mit der eigenen Intuition gespiegelt.

Wissen und Erfahrung geschuldet, dass Menschen finale Entscheidungen fürchten, jedoch auch Planänderungen durch externe Einflüsse geschehen können, wird die Entscheidung stets inklusive eines Plan B getroffen. Dieser erlaubt es, sofort eine neue Orientierung zur Hand zu haben, falls die ursprüngliche Entscheidung nicht das gewünschte Ergebnis zutage fördert. Ich werde im Verlauf erläutern, warum es insbesondere in Krisensituationen und in der Führung – des eigenen Lebens wie in der Verantwortung für Menschen – sinnvoll ist, mit B-Plänen zu arbeiten.

Wie also funktioniert die Entscheidungsmatrix (Abb. 3.2). in der Anwendung? Nähern wir uns einmal den einzelnen Schritten:

① Das eigentliche Problem
   A, B, C, D....

② Die wirklichen Alternativen
   A und B

③ Die intuitive Präferenz
   A oder B

④ Vorteile vs. Nachteile

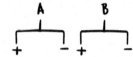

⑤ Entscheidung: Das Worst-Best-
   Scenario
   A- > B-

⑥ Plan B

Abb. 3.2   Die Entscheidungsmatrix

Materialien zu diesem Buch nutzen

Gern stelle ich Ihnen das Template der Entscheidungsmatrix zur Verfügung, wie ich es auch in meinen Beratungen und Trainings nutze. Sie finden es zum Download auf meiner Webseite unter www.drjohannadahm.com/Entscheidungs-Matrix

Wenn Sie Videos anschaulicher finden, dann nutzen Sie doch einmal meine Videothek. Gleich auf der Startseite von https://www.drjohannadahm.com finden Sie einen äußerst nützlichen Beitrag zum Thema Entscheidungsfindung: Der Kölner Vortrag Oktober 2019 illustrierte anhand eigener Entscheidungen sowohl meiner Laufbahn, als auch der anderer Menschen und Organisationen, welche Motive zur Entscheidungsstrategie beitragen. Dieser Videobeitrag ist sicher eine gute Veranschaulichung zum Zusammenhang von persönlichen Motiven und substanziellen Entscheidungen.

3.1 Phase 1: Das wirkliche Problem erkennen

Oft sabotieren wir die Entscheidungsfindung bereits bei der Identifikation des Problems. Wie bereits erwähnt, machen wir es uns eben gern etwas schwieriger.

Angenommen, wir stehen vor der Wahl eines nächsten Karriereschritts, vor der Reorganisation des Unternehmens oder vor einer wichtigen Personalentscheidung. Schnell neigen wir hier zur Selbstsabotage unserer Entscheidungsfindung und schwächen damit auch unsere Entschlusskraft: Wir lenken den Blick vornehmlich auf äußere Faktoren – dazu 3 häufig anzutreffende Beispiele:

1. Bei der Karriereplanung achten wir auf Verdienstmöglichkeiten.
2. Bei der Reorganisation von Strukturen konzentrieren wir uns auf die Machbarkeit der Vorschläge.
3. Bei der Personalauswahl spielen die Verdienstvorstellungen der Kandidaten die wichtigste Rolle.

Folglich lenken wir unsere Aufmerksamkeit weg vom eigentlichen Problem, hin zu den Bedingungen des Problems. So kommen wir nicht zu Lösungen sondern in eine Spirale dessen, was alles nicht funktioniert und wir limitieren uns damit selbst.[3]

Dieses Phänomen der limitierenden Aufmerksamkeit („bounded awareness") ist ebenso weit verbreitet wie einfach zu umgehen. Einzig richtig und wichtig ist es, das eigentliche Problem immer wieder bewusst zu machen und dieses möglichst klar und präzise auf Papier zu notieren. Dies hilft dabei, sich nicht in eine Spirale von Problemen hineinzudiskutieren bzw. -zudenken, die vom ursprünglichen Thema weglenken:

- Ich will mich beruflich verändern!
- Ich will die Firma zukunftsorientiert aufstellen!
- Ich möchte die Position optimal besetzen!

So kann das Chaos im Kopf schnell bewältigt werden und man übernimmt Eigenverantwortung für die Aufgabe. Die Problemstellung wirkt mehr und mehr machbar. Und im Vordergrund steht die Realisierung der Aufgabe statt eines Berges mittlerweile zusätzlich erdachter Probleme.

> **Vereinfachen Sie die Problemstellung**
>
> Die Lösung beginnt mit der schriftlichen Skizzierung der Problemstellung: Je einfacher, eindeutiger und aus der eigenen Perspektive die Problemstellung formuliert und notiert wird, desto leichter fällt die anschließende Entscheidungsfindung.

3.2 Phase 2: Die wirklichen Alternativen

Ich habe es bereits angeführt: Zu viele Optionen und Informationen helfen nicht weiter. Im Gegenteil: Das Sammeln neuer Informationen aus Angst, die beste Option zu verpassen oder nicht alle Alternativen zu kennen, manövriert uns eher in einen Teufelskreis, als dass wir zu einer Entscheidung kommen. Darum: Definieren Sie die beiden tatsächlich infrage kommenden Alternativen, die sich Ihnen tatsächlich bieten:

- Welche beiden Berufsmöglichkeiten entsprechen Ihnen, Ihren Talenten und Leidenschaften am ehesten?
- Dient der Firma eher die Optimierung oder die vollständige Auslagerung des Vertriebs?
- Ist es besser, die Position intern oder extern zu besetzen?

In der Regel überfordert die Vielfalt an Optionen, weil wir die Wahlmöglichkeiten zum einen in der Fülle nicht überblicken, zum anderen sind sie sich im Einzelnen ähnlich, überlagern sich und rühren nicht an der Grundproblematik.

Um zu den beiden alternativen Wahloptionen zu gelangen, hilft in der Regel, der Recherche oder der eigenen Überlegung eine zeitliche Deadline zu setzen. Andernfalls verstrickt man sich wieder in weitere Optionen und Denkgebäude, die den Entscheidungsprozess be- oder im schlimmsten Fall sogar verhindern.

Albert Einstein soll einmal gesagt haben, dass er sich bei der Lösung von Problemen genau 55 min mit dem Problem und 5 min mit der Lösung beschäftige. IT-Experte Tom Griffith hat sogar einen Algorithmus entwickelt, um den perfekten Zeitpunkt abzupassen, zu dem Entscheidungen getroffen werden. Laut Griffith liege dieser bei 37 % der Recherchezeit – unabhängig davon, ob man nach einem Haus, dem perfekten Job oder Partner suche. Nach 37 % der Zeit, also etwa dem 3. Tag einer Woche solle man eigentlich mit dem Information-Sammeln aufhören und handeln. Bessere Optionen oder gar eigene Überlegungen würden zu einem späteren Zeitpunkt auch nicht mehr auftauchen.[4]

2 Alternativen, 1 Deadline

Setzen Sie sich ein konkretes Datum, um die beiden wirklich infrage kommenden Wahloptionen bzw. Handlungsalternativen zu definieren und schreiben Sie sie auf. Lassen Sie sich nicht zu viel Zeit. Je mehr Zeit Sie verstreichen lassen, desto mehr Optionen werden Ihnen einfallen und desto schwieriger wird es, eine adäquate Entscheidung zu treffen.

3.3   Phase 3: Ihre intuitive Präferenz

Im Volksmund gelten intuitive Entscheidungen als die besten. Sätze wie: „Ich habe auf meinen Bauch gehört", oder „Ich habe meinem Herzen vertraut!", haben Sie sicherlich auch schon von anderen gehört oder kamen sogar aus Ihrem eigenen Mund.

Damit ist das unterbewusste Verarbeiten von Sinneseindrücken gemeint, die ständig auf uns einströmen. Gerald Traufetter ist nur ein Repräsentant des Forschungszweiges, der sich mit der Entschlüsselung der Intuition und ihrer Rolle in Entscheidungsprozessen beschäftigt. Rund elf Millionen Sinneseindrücke pro Sekunde verarbeitet der menschliche Organismus eher „nebenbei" und sorgt damit fortlaufend für die Herausbildung von neuem Wissen und Anreicherung von Erfahrung. Und auch wenn Arbeits- und Unternehmenswelt sich großteils noch sperren, so ist Intuition längst nichts Mystisches mehr, und zudem „arbeitet sie vorzüglich schnell", so Traufetter.[5]

Demgegenüber kann der Verstand nur ca. 40 davon bewusst verarbeiten. Der Rest wird vom "Bauch" weiterverarbeitet. Dieser erkennt ein Muster schneller als der Kopf, dessen Kapazitäten begrenzter Natur sind. Dieses Muster gleicht er mit aus der Vergangenheit gespeicherten Mustern ab und liefert in Form von Gefühlen und

Emotionen Tendenzen zu möglichen Handlungsalternativen.

Bedeutet im Falle von Entscheidungssituationen: Der
Körper „rät", anhand von in der Vergangenheit gemachten
Erfahrungen (Heuristiken), bereits zu einer Alternative,
ohne irgendein aktives Zutun unseres Kopfes oder unserer
Ratio. Diesen Prozess nennen wir Intuition.

Es lohnt sich also, diese ins Kalkül zu ziehen, ohne
sie zu bewerten. Die Bedeutsamkeit unserer Intuition zu
untermauern, ist simpel: Allein im Straßenverkehr, etwa
beim Autofahren, treffen wir vielerlei Entscheidungen
intuitiv, ohne jede Situation stets aufs Neue zu bewerten.
Stellen Sie sich vor, wie zähflüssig der Verkehr werden
würde, wenn alle Teilnehmer dauernd alle Optionen
untersuchen würden, die ihnen beim Überqueren einer
Kreuzung zur Verfügung stünden. Eine Kreuzung stellt
sich als äußerst komplexes Gebilde dar, wenn man es
genauer betrachtet. Verkehr von links, Verkehr von rechts,
entgegenkommender Verkehr, Straßenschilder, verschiedene Verkehrsteilnehmer, verschiedene Geschwindig-
keiten etc. Sie würden mit der andauernden Bewertung
der Situation gar nicht fertig sein, schon stünden wieder
neue Informationen zur Verfügung, die es zu bearbeiten
gälte. Viele Autofahrer können sich noch zurückerinnern,
als sie selbst den Führerschein gemacht haben oder das
erste Mal am Steuer des Wagens saßen: Das Verarbeiten
des Straßenverkehrs war eine mühsame, teils über-
fordernde Prozedur, welche die gesamte Aufmerksamkeit
verlangte. Erst durch das Einschleifen von Automatis-
men konnten tendenziell weniger wichtige Informationen
sukzessive ausgeblendet werden.

Die Muster im Hintergrund, die unsere Intuition verarbeiten, bleiben natürlich bestehen und werden weiter,
unbewusst, von unserem Körper verarbeitet. Erst wenn
das Muster darauf hindeutet, dass Gefahr in Verzug ist,

kommt das Bewusstsein hinzu. Etwa dann, wenn auf der Autobahn vor uns plötzlich Bremssignale sichtbar sind und ein Auffahrunfall vermieden werden soll. Wir alle kennen solche Situationen.

Doch auch in anderen, nicht alltäglichen Situationen und unter Druck entscheiden zum Beispiel Piloten oder Rettungsärzte gemäß ihrer Intuition und nicht nach vorheriger Einberufung eines Meetings oder Einholen einer Meinungsumfrage. Hier kann die Intuition über Leben und Tod entscheiden.

Auch wir können diese Prozesse trainieren. Zumal es in dieser Phase der Entscheidungsfindung für uns noch nicht um die finale Entscheidung geht, sondern nur um das intuitive Bejahen einer Alternative.

Also beantworten Sie bitte diesbezüglich schnell und ohne Nachzudenken, die folgende Frage bzw. Ihre Handlungsoptionen: Tendieren Sie zu Alternative A oder zu Alternative B?

- Will ich eher A) Arzt oder B) Lehrer werden?
- Soll ich den Vertrieb eher A) optimieren oder B) auslagern?
- Besetze ich die Position besser A) intern oder B) extern?

Sie sollten sich nicht selbst unter Druck setzen, denn noch geht es nicht um die finale Entscheidung, sondern nur um die intuitive Beantwortung der Fragen.

Ihre Intuition zählt

Fragen Sie sich ehrlich nach Ihrer intuitiven Entscheidungstendenz. Diese hat noch keinen Einfluss auf Ihr finales Handeln. Markieren Sie die Option, die Ihnen intuitiv besser zusagt. Machen Sie Ihre Intuition sichtbar!

3.4 Phase 4: Kopf über Bauch

Kritiker können zurecht anmerken, dass das Hören auf das Bauchgefühl zu kurz greife. Dass bei der reinen Orientierung an der Intuition wesentliche Informationen übersehen werden könnten, die für eine kluge Entscheidung relevant sind. Ein anderer Einwand könnte sein, dass man Entscheidungen nie allein für sich trifft, sondern auch Folgen für das Umfeld mitbedenken müsse und so weiter. Diese Einwände sind korrekt, weshalb wir uns nun dem nächsten entscheidenden Schritt in der Entscheidungsfindung widmen dürfen. Es geht tatsächlich darum, Vernunft und Intuition in Balance zu bringen, da das eine ohne das andere nicht vollständig ist.

Nach der Abfrage unserer Intuition beschäftigen wir uns mit der Auflistung der Vor- und Nachteile beider Handlungsoptionen, wie sie aus klassischen Entscheidungsfindungsprozessen bekannt ist. Hierzu sind sowohl Kreativität als auch analytisches Denken gefragt: Sowohl Option A als auch Option B bringen gleichermaßen Vorteile wie Nachteile mit sich, die nun aber ohne weitere intuitive Tendenz hinterfragt werden können.

Dadurch dass die intuitive Tendenz bereits zuvor abgefragt wurde, kann man sich beiden Optionen sowie deren Vor- und Nachteilen jetzt durchaus wertungsfrei annehmen. Es geht an dieser Stelle darum, zu hinterfragen

- Was sind die Vorteile und Nachteile, wenn ich A) Arzt oder B) Lehrer werde?
- Was sind die Vorteile und Nachteile, wenn ich A) den Vertrieb optimiere oder B) auslagere?
- Vorteile und Nachteile, wenn ich die Position A) intern oder B) extern besetze?

Durch diese analytische Annäherung der reinen Auflistung von Vor- und Nachteilen entfällt der Druck des „besser" oder „schlechter". Noch haben wir beide Seiten auch nicht gegeneinander abgewogen. Diese Form des Analyseverfahrens entschleunigt. Damit sinkt der Druck der unmittelbaren Entscheidung enorm.

> **Raus aus dem Entscheidungsdilemma**
>
> Das Entscheidungsdilemma entsteht durch den selbstauferlegten, künstlichen Druck, zu viele Schritte auf einmal vollziehen zu wollen. Entschärfen Sie diesen Anspruch durch eine auf zwei Handlungsoptionen beschränkte Pro-Contra-Liste, die Sie weder gewichten noch unmittelbar bewerten. Wir befinden uns noch immer in der Phase des Sammelns von Informationen.

3.5   Phase 5: Das kleinere Übel

Ob Sie nun allein oder mit Ratgebern, als Einzelperson oder Organisation entscheiden – angesichts der Vor- und Nachteile solcher Pro-und-Contra-Listen –, regieren schnell die Emotionen (zumal dann, wenn sie nicht in einem ersten Schritt durch die Intuitionsabfrage bereits geklärt worden sind) und man tendiert zur Handlungsoption, die aufgrund der meisten Vorteile überzeugt. Was jedoch immer bleibt, sind die Nachteile, mit denen wir nach getroffenen Entscheidungen leben müssen. Entschlusskraft entwickeln wir nicht (nur), wenn wir euphorisch von der Sache überzeugt sind, sondern umso eher, je bereitwilliger wir mit den Nachteilen umgehen können. Darum: Wägen Sie einmal die Nachteile gegeneinander ab: Wann

- Sind die Nachteile größer, wenn ich A) Arzt oder B) Lehrer werde?
- Sind die Nachteile gravierender, wenn ich den Vertrieb A) optimiere oder B) auslagere?
- Ist es eher von Nachteil, wenn ich die Position A) intern oder B) extern besetze?

Entscheidung nach dem Worst/Best-Szenario treffen

Prüfen Sie anschließend Ihre ursprüngliche Entscheidung. Bereits in der Antike wurde angemahnt, dass Entscheidungen immer einen Preis haben.

Heute werden Entscheidungen aus einer Laune heraus getroffen und bereits beim ersten Anzeichen eines Tributs, wieder rückgängig gemacht. Um nicht auch in diese Falle zu tappen, lohnt es sich, die Handlungsoption mit den geringeren Einbußen zu wählen. Das erhöht die Chance, langfristig die richtige Wahl zu treffen.

3.6   Phase 6: Plan B

Nun gibt es keine 100 %ige Garantie dafür, ob die getroffene Entscheidung zu einer Verbesserung der Ausgangslage führen wird. Genau diese Hoffnung haben Menschen, die sich noch immer Recherchen verschreiben, um die möglichst beste Entscheidung treffen zu können, und darüber unter Umständen sogar große Verluste hinnehmen müssen. So zeigte sich eine Studiengruppe in den Forschungen von Barry Schwarz mit der Auswahl an Fonds so überfordert, dass sie aufgrund der Informationssuche den Anlagetermin verpasste. Das anzulegende Geld verfiel.[6]

Der eigene Kontrollverlust mag herausfordernd sein, doch gilt es zu akzeptieren, dass man viele Faktoren nicht selbst in der Hand hat. Es ist sinnlos mit Dingen zu hadern, die man selbst nicht beeinflussen kann. Die Beschäftigung mit diesen Elementen trägt nichts zur Steigerung der Entscheidungsqualität bei.

Genau zwei Faktoren jedoch kann man wiederum selbst bestimmen:

- Die eigene Entschlusskraft, mit der man hinter seiner Entscheidung steht.
- Die eigene Flexibilität, um Unwägbarkeiten zu meistern, die auf dem Weg zur Erfüllung des angestrebten Zustandes auftauchen können.

Um letzteres zu gewährleisten, rate ich dringend zu einem Plan B, der nichts anderes darstellt als ein Fall-Back-Plan, einen Turnaround etc.

Nun könnte man einwenden, dass tatsächlich und Kraft des eigenen Willens getroffene Entscheidungen keines doppelten Bodens bedürfen. Tatsächlich wird genau das im Coaching- und Trainingssektor verlautbart: Wenn man einen Plan B habe, dann habe man schlussendlich kein Vertrauen in den Plan A. Ja noch schlimmer – Plan A ist dann sogar zum Scheitern verurteilt, weil man ja mit Plan B sofort eine Ausrede parat hat.

Allerdings arbeitet kein verantwortlicher Arzt, IT-Techniker, Vermögensberater oder Elektroingenieur ohne Sicherheitssysteme. Es ist also geradezu system-erhaltend und damit völlig natürlich, einen Ersatzplan zur Verfügung zu haben, der die eigene Handlungsfähig-keit aufrechterhält. Alles andere wäre fahrlässig und, je nach Kontext, sogar gefährlich für sich selbst oder für das Gegenüber.

Wir alle kennen Szenen aus verschiedenen Ärzte- oder Krankenhausserien. Ich bin mir sicher, dass ein Fünkchen

Wahrheit in diesen Geschichten steckt, die dann zweifellos für das Fernsehen aufgebauscht werden. Aber stellen Sie sich vor, der Chefarzt merkt bei der Operation eines Bypasses, dass der Blutdruck seines Patienten plötzlich und rapide sinkt. Er kann somit nicht mit der Operation – also seinem Plan A – fortfahren. Er muss einen Plan B zur Verfügung haben, damit der Patient gerettet werden und die Operation schlussendlich erfolgreich abgeschlossen werden kann. Stellen Sie sich vor, der Blutdruck des Bypass-Patienten fällt und der Arzt hält bei seinem Plan A fest und geht gar nicht auf die neuen Umstände ein. Ein Plan B kann tatsächlich Gold wert sein und sogar Leben retten.

Plan B beseitigt Zweifel
Über einen gangbaren Plan B zu verfügen, ermöglicht genau das, wovor uns viele Coaches oder Lebensberater warnen – nämlich den Zweifel von Plan A abzuschwächen. Wenn Sie eine gangbare Handlungsalternative zu Ihrem priorisierten Plan haben, dann können Sie die Angst zu scheitern, nachhaltig minimieren. Wenn Sie dieses Exit-Szenario nicht planen, dann muss Plan A unbedingt funktionieren und genau dieser Druck kann für eine absolute Paralyse sorgen und eben nicht zum Abbau der Ängste oder das Zur-Verfügung-stellen von Energiereserven führen.

Wir haben oftmals Angst, finanziellen oder persönlichen Schaden zu nehmen. Die Vorstellung ist bereits mental herausfordernd, und meist bringt sie uns an den Rand unserer Komfortzone:

- Ich werde B) Lehrer (auch wenn Lehrer vielleicht kein gutes Image haben, ich selbst die Schule gehasst habe, der Verdienst schlecht ist).

- Ich optimiere A) den Vertrieb (auch wenn das hohe Kosten verursacht, viel Trainingsaufwand bedeutet, wir dadurch hinter dem Wettbewerb hinterherhinken).
- Ich besetze die Position B) extern (auch wenn sich interne Kandidaten beworben haben, die Einarbeitung eines externen Kandidaten mehr Zeit in Anspruch nimmt, die Abwerbung des Externen einen zusätzlichen Kostenaufwand bedeutet).

Natürlich sind Entscheidungen wegen ihrer nachteiligen Konsequenzen oft einschüchternd und manchmal sogar beängstigend. Risikobereitschaft allein reicht nicht (immer) aus, um auch Entschlusskraft und Durchhaltevermögen zu entwickeln und alle notwendigen Schritte bis zum Gelingen zu gehen. Während Literatur und Persönlichkeitsentwickler sich eher dem Ausmerzen des Zweifels widmen, bin ich eher der Ansicht, dass Skepsis einerseits menschlich, andererseits dem Gelingen des Plans durchaus zuträglich ist. Menschen werden zuweilen zweifeln oder Angst haben, egal ob uns das gefällt oder nicht. Wichtig ist, dass man sich dessen bewusst ist und Methoden zur Verfügung stellt, die auf diese Bedingungen in adäquater Form eingehen, wie es eben die Entscheidungsmatrix macht.

Unterstützend und durchaus beruhigend ist darüber hinaus die Erweiterung der eigenen Komfortzone, die ich gerade durch meinen gefassten Entschluss verlassen habe, durch einen Plan B:

- Ich werde B) Lehrer – und sollte dieser Plan scheitern, weiß ich, dass ich den Numerus Clausus schaffen kann, um ein Medizinstudium zu beginnen.
- Ich optimiere A) den Vertrieb – und wenn das misslingen sollte, lagern wir ihn zur Not aus, aber erst dann, wenn wir alles andere versucht haben.

- Ich besetze die Position B) extern - und parallel bauen wir für zukünftige Stellenbesetzungen ein internes Talent-Management auf und setzen eine Vorgehensweise für interne vs. externe Besetzungen fest.

Das Vorhandensein eines Plan B sorgt dafür, dass keine existenziellen Ängste aufkommen und weiter am Plan A festgehalten wird.

Die Entscheidungsmatrix stellt gegenüber anderen Verfahren Intuition und subjektiv empfundene Logik auf die gleiche Stufe. Sie wägt nicht (allein) auf Basis der Vorteile der Alternativen ab, sondern auf Basis der Nachteile. Zudem beinhaltet sie stets einen Alternativplan (Plan B) und kommt damit der gelebten Praxis äußerst nahe.

Auf Planänderungen vorbereitet sein

Veränderungen und Entscheidungen lösen Stress aus. Je wichtiger und existenzieller diese Entscheidungen sind, desto mehr Stress wird ausgelöst. Auf längere Sicht gewöhnt sich der Mensch nur ungern und schlecht an Stress, darum entlastet eine ausgearbeitete, zweite Option (Plan B). Diese sorgt dafür, dass Menschen in Entscheidungssituationen sich nicht paralysiert ihrem Schicksal hingeben, sondern handlungs- und entscheidungsfähig bleiben.

Gehen Sie also umso entschlossener und unbelastet den ursprünglich entschiedenen Weg, weil Sie wissen, dass im Falle unvorhergesehener Widrigkeiten Plan B wie ein Rettungsfallschirm ausgebreitet werden kann und er sie sicher zum Ziel führt.

Nutzen Sie hierfür auch mein gratis Video-Tutorial zum Thema „Plan B aus der Krise" https://bit.ly/334NQy8

Endnoten

1. https://www.soprasteria.de/newsroom/publikationen/
studien/potenzialanalyse-agil-entscheiden

2. https://assets.kienbaum.com/downloads/Change-Management-Studie-Kienbaum-Studie-2014-2015.pdf
3. Bazerman, Bounded Awareness, https://papers.ssrn.com/sol3/papers.cfm?abstract_id=627482
4. Griffith, Tom: Algorithms to Live By: The Computer Science of Human Decisions. New York 2016
5. Traufetter, Gerald: Intuition. Die Weisheit der Gefühle. Hamburg 2007.
6. Schwartz, Barry, Ebd.

4

Mit der Entscheidungs Matrix Entschlossenheit entwickeln

Inhaltsverzeichnis

Mancher mag einwenden, dass eine solche Matrix schematisch sei und wir Entscheidungen eher selten als isolierte Individuen treffen. Dieser Einwand ist natürlich, wie auch bereits weiter oben beschrieben, völlig korrekt. Der Entscheidungsprozess von Einzelpersonen ist vergleichbar mit dem gleichseitigen Dreieck der Mathematik oder dem Archetypus der Sozialwissenschaften. Diese Idee stellt eine Metapher dar und macht natürlich Annahmen, die selten in der Realität anzutreffen sind. Und dennoch sorgen sie dafür, dass der Entscheider seine eigene Entscheidungsfähigkeit Schritt für Schritt verbessert.

Entschlossenheit in Gruppen

Sheena Iyengar hat sich in ihren Studien damit beschäftigt, wie wir Entscheidungen unter Einfluss von Gruppeninteressen treffen und wie die Entscheidungsfindung in gruppendynamischen Prozessen vonstattengeht. Im Mittelpunkt ihres Interesses stand, ob wir tatsächlich als Individuen eigene und isolierte Entscheidungen treffen und so auf Herausforderungen, Krisen, Fragestellungen reagieren.

Die Forscherin fand in ihren Studien heraus, dass es sich nur in den seltensten Fällen so verhält. Viel häufiger geht es um die Harmonie mit der Gemeinschaft oder Gesellschaft, innerhalb derer ein Individuum eine Entscheidung treffen soll.

Unter Gleichgesinnten machen eine gemeinsame Wahl, gemeinsame Überzeugungen etc. den Erfolg des Einzelnen wahrscheinlicher, sodass dessen Entscheidung tendenziell zugunsten der Gruppe ausfällt. Mit Entscheidungen, die gegen die Gruppe getroffen werden, würde man sich also langfristig noch viel mehr schädigen.

Denken wir an das Beispiel des Managementteams, welches ich weiter oben skizziert habe. Hier geht es nur vordergründig um die Entscheidung zum Wohle der Firma (langfristiges Ziel), sondern um die jetzt spürbare Harmonie innerhalb der Firma (unmittelbares Ziel): „It's important to maintain harmony witin my group"[1], so Iyengar, was sie auch anhand verschiedener Kultur- und Erziehungsstile belegt.

Individuen würden nur dann tatsächlich für sich (und im Zweifel auch gegen andere entscheiden), wenn sie von der Gruppe längere Zeit separiert seien.[2] Im Wesentlichen geht es Menschen also eher darum, bei Entscheidungen

unmittelbar die Gunst anderer nicht zu verlieren, als langfristig nur den eigenen Vorteil für sich zu verbuchen.

Die Rolle des Halo-Effektes in Entscheidungsprozessen
Nicht nur Präsenz und Interesse der Gruppe beeinflussen unsere Entscheidungen, auch Meinungen über
bislang Außenstehende formen Entscheidungsprozesse.
Das wird im Rekrutierungsalltag von Firmen deutlich:
Angenommen, ein Kandidat wird im Zuge der Personalauswahl für eine besonders hoch dotierte Position
evaluiert. Der Lebenslauf ist einwandfrei, die Referenzen
lassen keine Wünsche offen. Auch die Interviews verliefen
hervorragend. Sozial- und Kommunikationskompetenzen
sind ebenso passend. Dennoch scheint irgendetwas nicht
zu stimmen. Das Bauchgefühl meldet sich und schlägt
Alarm. Sobald dieser unbegründete „Verdacht" einmal
geäußert wird, durchzieht er die Reihen der Entscheider
mit dem Resultat, dass der Kandidat nicht eingestellt wird.

Die meisten Führungskräfte verlassen sich auf die
innere Stimme, wenn es um die Personalauswahl geht:
Weniger als 40 % bereiten sich auf Interviews vor oder
lesen die Unterlagen tatsächlich im Vorfeld der Vor-
stellungsgespräche[3] wirklich durch. Schließlich war die
eigene Intuition, auch in der Vergangenheit ein guter
Wegweiser.

Aber ist dem tatsächlich so? Viele Entscheider räumen
ein, aufgrund dieser stark subjektiven Sicht, viele Fehl-
investitionen für eine falsche Personalauswahl ver-
antworten zu müssen, dennoch würden sie an ihrem
Entscheidungsstil nicht zwingend etwas ändern. Was die
Frage aufwirft, ob Menschen überhaupt etwas entscheiden
wollen.

Sehr oft steht das im Zusammenhang mit dem
sogenannten Halo-Effekt, gerade im Kontext von
Personalentscheidungen: Entdeckt wurde das Phänomen

im 19. Jahrhundert vom US-Verhaltensforscher Edward Lee Thorndike. Und so äußert sich dieser Effekt: Einzelne Eigenschaften einer Person wirken auf uns so dominant, dass sie einen überstrahlenden Gesamteindruck erzeugen. Daher auch der Name, denn „Halo" steht im Englischen für „Heiligenschein". Menschen, die überdurchschnittlich gut aussehen, werden oft als kompetenter und vitaler eingestuft. Daher vermutlich auch der Spruch: „Schöne Menschen haben es leichter im Leben!", wohlwissend, dass wahre Schönheit von innen kommt und nur im Auge des Betrachters liegt – dies würde jedoch Stoff für ein anderes Buch bieten.

Verschiedene Wissenschaftler konnten den Effekt in den vergangenen Jahrzehnten nachweisen. Der Gestaltpsychologe Solomon Asch, bekannt für sein „Konformitätsexperiment", las seinen Probanden in einer Studie im Jahr 1946 beispielsweise verschiedene Charaktereigenschaft einer Person vor. Wurde diese als warmherzig beschrieben, hielten die Testpersonen sie gleichzeitig auch für großzügig, gutmütig und gesellig.[4]

Der Einfluss des eigenen Wertesystems auf Entscheidungen

Beispiel

Brigitte ist Geschäftsführerin und hat von ihrem Vater einen Optiker- und Hörakustikbetrieb übernommen. Aus dem Stammhaus ist inzwischen ein Unternehmen mit fünf Filialen geworden, und Brigitte ist stolz auf das, was sie als alleinerziehende Mutter, in der ländlichen Region, aufgebaut hat.

Doch zwei der fünf Filialen bringen nicht mehr den gewohnten und notwendigen Gewinn. Die Kosten für Miete und Personal werden von den anderen drei Standorten mitgetragen. Eigentlich eine Situation, die relativ einfach einzuschätzen ist. Zwei Filialen erwirtschaften seit geraumer Zeit Defizite. Wie würden Sie als Unternehmer entscheiden?

Brigitte weiß, dass sie die beiden auf lange Sicht nicht wird aufrechterhalten können, doch hängt sie an der Familientradition und auch ihr Stolz spielt eine entscheidende Rolle in der Entscheidungsfindung, wie denn weiter vorgegangen werden soll. So schiebt sie die Warnungen ihres Steuerberaters beiseite und hört auch nicht auf ihre Freunde und Bekannten, die ihr mahnend ins Gewissen reden. Erst als mehrere Kündigungen auf dem Tisch liegen und sich Mitarbeiter bereits proaktiv nach anderen Stellen umschauen, wird Brigitte klar, dass sie die Entscheidung zu lange vor sich hergeschoben hat und der Karren nun endgültig in den sprichwörtlichen Dreck gefahren ist. Doch diese Einsicht kam zu spät. Denn in der Zwischenzeit hat sich die Situation sogar noch verschärft. Gekündigt hat nämlich auch ihre Optikermeisterin, sodass Brigitte von nun an selbst wieder in der Werkstatt gebraucht wird. Für Unternehmensstrategie und Vertrieb ist nun noch weniger Zeit. Sie hat sich damit in einen klassischen Teufelskreis manövriert, der sie beinahe handlungsunfähig macht. Hätte sie schneller reagiert und die harten, aber notwendigen Entscheidungen möglichst rasch getroffen, würde es dem Unternehmen und ihr selbst vermutlich wesentlich besser gehen.

Brigitte beruhigt ihre innere Stimme damit, dass schon bessere Zeiten kommen werden. Klassisch in solch einem Teufelskreis ist das Setzen auf den Faktor Hoffnung. Viel mehr bleibt ihr nun auch nicht mehr übrig, da ihre Handlungsalternativen nun massiv geschrumpft sind. Eine mehr als unangenehme Situation, für die sie selbst gesorgt hat.

Brigitte liegt offensichtlich viel an ihrem Unternehmen und dessen Historie. Sie identifiziert sich damit und widmet ihr Leben dem Betrieb, was der landläufigen Definition der Selbstständigkeit, des „selbst und ständig" entspricht.

Ihre visionäre Kraft als Unternehmerin ist ausgeprägt, was für ein starkes Wertesystem spricht (Chang). An dieses sind familiäre Werte und Erinnerungen gekoppelt. Darum schafft sie es jedoch nicht, eine flexible und zukunftsorientierte Strategie zu entwickeln.

Sie ist bei weitem kein Einzelfall. Bis 2022 werden an die 230.000 deutsche Mittelständler die eigene Betriebsschließung anmelden, weil sie in einer ähnlichen Situation sind wie Brigitte. Die regelmäßig erscheinende Mittelstandsstudie des Wirtschaftsprüfers Ernst & Young fasst die Top-3-Versäumnisse wie folgt zusammen:

- Unternehmen sind nicht strategisch positioniert.
- Unternehmen haben keine wettbewerbsorientierte Mitarbeiterstrategie.
- Unternehmen haben keine Nachfolgeregelung[5].

Die Folgen sind seit Jahrzehnten hinlänglich bekannt, getan wurde und wird weiterhin zu wenig: „Gerade kleinere Unternehmen in ländlicheren Regionen, deren Produkte in der breiten Bevölkerung wenig bekannt sind, werden es tendenziell immer schwerer haben, qualifizierte Mitarbeiter zu finden."

Damit sind nicht nur die Überlebensfähigkeit der einzelnen Betriebe, sondern auch Innovation und Arbeitsplätze infrage gestellt. Grund für diese Misere ist mitunter auch die Entscheidungsschwäche des Topmanagements. Die Strategie des Aussitzens bringt zwar kurzfristig Vorteile, doch die Probleme werden nur unter den Teppich gekehrt und entladen langfristig ihr Zerstörungspotenzial mit den eben beschriebenen Folgen der Betriebsschließungen in Deutschland.

Anders bei Peter, der mit der abgebrannten Produktionsstätte zu kämpfen hat. Sein Wertesystem ist nicht traditions- oder familienorientiert, sondern kundenzentriert. Die Bedürfnisse des Kunden stehen im Fokus seines Handelns und damit auch seiner unternehmerischen Entscheidungen. Dieser Umstand macht es ihm leichter, auf Veränderungen in der Lieferkette zu reagieren.

Brigitte indes handelt auf strategischer Ebene eher systemerhaltend, um ein Familienwahrzeichen zu erhalten. Es wird eher versucht, auf die sich verändernden Rahmenbedingungen Einfluss zu nehmen, statt sich anzupassen. Manchmal werden sie so lange ignoriert, wie es eben geht. Aktuell sieht man, aufgrund der Corona-Situation, wie wichtig es für Unternehmen in den vergangenen Jahren gewesen wäre, verstärkt in die eigene Digitalisierung zu investieren. Diejenigen, die sich nicht an die sich verändernden Rahmenbedingungen der Digitalisierung angepasst haben, werden derzeit vom Markt abgestraft.

Zurück zu Brigitte: Sie vermeidet Veränderung, die zum Unternehmenserhalt und zur optimalen Betreuung ihrer Kunden nötig wäre. Dies hat auch negative Auswirkungen auf ihre Mitarbeiter, die sich längst nach moderneren, veränderungsaffineren Arbeitgebern sogar aus anderen Branchen umsehen. Ihre Familiengeschichte und ihr Traditionalismus sind die Verhinderer nachhaltiger unternehmerischer Entscheidungen.

Entscheider wie Peter oder Brigitte haben als Unternehmer zugleich eine gesellschaftliche Verantwortung. Die Art ihrer Entscheidungsfindung und ihr Umgang mit Mitarbeitern ist natürlich ausschlaggebend dafür, wie sie als Führungskräfte geachtet werden. Je nach Darstellung und Auftritt des Unternehmens in der Öffentlichkeit, kann dies Rückschlüsse auf die Persönlichkeit der Führungskräfte haben. Wenn ein Unternehmen Negativschlagzeilen macht, dann führt dies unweigerlich zu einer Negativdarstellung der leitenden Manager. Gilt ein Unternehmen jedoch als innovativ und setzt gesellschaftliche Initiativen, dann hat dies positive Auswirkungen auf die Darstellung des Managements.

In einer Studie des Bundesministeriums in Kooperation mit der „Zeit" wurden Führungskräfte hinsichtlich ihres Führungsstils und ihrer Führungskultur untersucht.

Dieser wurde in der Zeit von 1998 bis 2008 zunehmend unterschiedlich wahrgenommen. So rückt die Ergebnisorientierung immer mehr in den Vordergrund. Wie die jeweiligen Ergebnisse erzielt werden, steht jedoch zunehmend auf dem Prüfstand. Die Anforderungen an das Zustandekommen der Ergebnisse sind außerordentlich hoch: Es darf weder zu viel Kontrolle vorherrschen und Hierarchien sollten vermieden werden. Aggression und Dominanz sollten ebenfalls vermieden werden. Dennoch sollte Klarheit vorherrschen. Fazit der Studie: „Die Vorstellungen von guter Führung gehen immer weiter auseinander"[6].

Die Entscheider von Typ 1 in William James Entscheidungstypologie, dem Peter angehört, finden in ihrer Klarheit oft Bewunderer, gelten aber auch als „krass" oder manchmal „hart". Freunde gewinnt man mit dieser Art der Entscheidungsfindung und -begründung eher selten.

Brigitte, Typ 5, ist in ihrer Familiarität und Umsicht die gute Seele vom alten Schlag, die Kümmerin, die jedoch kaum die vielen gestarteten Initiativen zu Ende bringt und darum nicht wirklich verlässlich ist. Eine gute Zuhörerin, die jedoch auf lange Sicht dem Unternehmen und damit auch den eigenen Mitarbeitern mit der Art ihrer Entscheidungen nachhaltig Schaden zufügt.

Entscheidungen auf der Beziehungsebene
Ob nun mit oder ohne Absprache – die Art der Entscheidungsfindung und der Durchführung von Entscheidungen beeinflusst immer die Beziehungsebene all derjenigen, die von Entscheidungen unmittelbar und mittelbar betroffen sind.

Menschen wie Brigitte scheuen die Konsequenzen, die solche Entscheidungen mit sich bringen können. Einen oder zwei Standorte aufzugeben und Mitarbeiter zu kündigen, um den Fortbestand des Unternehmens zu sichern, wird ihr nicht nur Zustimmung bescheren, zuvorderst wird es jedoch das „alte" durch den Vater einst aufgebaute Bild gänzlich verändern.

Peter wiederum fokussiert sich nur darauf, so wenig Kunden wie möglich zu verlieren. Auf die unmittelbare Meinung von Mitarbeitern hingegen, gibt er wenig. Das Wohl der Firma steht bei ihm im Mittelpunkt und nicht die Harmonie mit anderen. Kann man dieses Vorgehen als Ignoranz bezeichnen?

Ich habe ihn offen darauf angesprochen, und er hat mit einer seiner Führungsrichtlinien gekontert: Wenn eine Beziehung schwierig ist oder gar vor dem Aus steht, so gibt es immer genau zwei Möglichkeiten: die Beziehung abzubrechen oder auf ein nächstes Level zu bringen. Dies gilt genauso im Kontext von Familie, Freunden oder Kunden. Das Prinzip kann überall zur Anwendung gebracht werden. Und Entscheidungen in Druck- und Krisensituationen sind, laut Peter, immer Prüfsteine für alle Beteiligten. Wenn es gut läuft, treffen sich alle auf dem nächsten Level. Dazu bedarf es der einfachen Klärung der beiden Optionen:

Option A: Handelt es sich um eine Beziehung, in die ich weiter investieren will oder

Option B: ist das eine Beziehung, die ich lieber beenden sollte?

Eine solch simple Fragestellung hat immer ein übergeordnetes Ziel, den langfristigen Plan vor Augen und verliert sich nicht in aktuellen Gegebenheiten oder gar in der Vergangenheit, wie im Fall von Brigitte.

Als ich mit ihr spreche, ist sie gerade dabei, Pro-und-Contra-Listen anzufertigen, auf der Erinnerungsstücke ihres Vaters und ihr Ruf als Unternehmerin im Falle einer Standortschließung angeführt sind. Sie verliert sich in Details, was zu einer immer größeren Verstrickung und am Ende zu einem Nicht-Handeln führt.

Damit gehört Brigitte zur überwiegenden Mehrheit. Entscheidungsprozesse und deren Gestaltung haben, wie Wolfgang Plasser bereits 2003 klarstellt, „einen wesentlichen Einfluss auf die Entscheidungsqualität".[7] Doch folgen noch zu wenige Führungskräfte den Bestimmungsgrößen, die Plasser insbesondere für Manager im Hochrisikobereich diskutiert und erfolgreich eingeführt hat und die die Entscheidungsmatrix eben auch vorsieht:

1. rationales,
2. intuitives und
3. gemeinsames Entscheiden.

Doch Brigitte scheut die Entscheidung. William James Aphorismus, dass das Nicht-Treffen einer Entscheidung bereits eine Entscheidung darstellt, ist in der Realität gut illustriert.[8] Die Mischung aus überbordender Komplexität im Alltag und die mangelnde Übersichtlichkeit führen dazu, dass Entscheidungen gerne aufgeschoben werden. Selbst dann, wenn wir keine Entscheidung treffen, müssen wir eben mit den Konsequenzen der Nicht-Entscheidung leben.

Die Folgen des Nicht-Entscheidens sehen wir sehr gut am Beispiel von Brigitte. Die ohnehin gefürchtete Komplexität nimmt noch mehr zu und das Hamsterrad dreht sich schneller als jemals zuvor.

Vereinfachung des Entscheidungsprozesses mit der Entscheidungsmatrix

Doch gibt es einen einfachen Weg, Entscheidungen und sogar bessere Entscheidungen zu treffen. Ich habe sehr häufig erlebt, dass Führungskräfte die Konsequenzen ihrer möglichen Entscheidung, also den Zustand einer zumindest theoretischen Entscheidung, mit relativ einfachen Mitteln, evaluierten und zu einem guten Ergebnis gekommen sind. Nicht zuletzt das gab Anlass zu diesem Buch, um Sie ebenfalls mit der Methode vertraut zu machen, entscheidungssicherer und entscheidungsfreudiger zu werden. Je öfter Sie die Entscheidungsmatrix zur Anwendung bringen, desto leichter werden Ihnen gute Entscheidungen fallen.

Die alles entscheidende Frage ist nun: Wie treffen Sie von nun an gute Entscheidungen?

Sicher bedarf es ein wenig Übung und auch Mut, um die Entscheidungsmatrix wirklich auf jede Fragestellung anwenden zu können. Doch Sie müssen schließlich auch nicht mit den wirklich großen und existenziellen Entscheidungen Ihres Lebens beginnen. Probieren Sie die Entscheidungsmatrix bei kleineren Fragestellungen. Machen Sie sich mit ihrer Funktionsweise vertraut und gehen Sie dann dazu über, sie auf alle Fragestellungen anzuwenden. Sie werden sich an Ihren eigenen Fortschritten erfreuen.

Ich selbst habe mich nun mit vielen anderen Instrumenten und Techniken in mehr oder weniger komplexer oder gewichteter Form beschäftigt. Nach gründlicher Auseinandersetzung mit vielen dieser Methoden, greife ich jedoch immer wieder zu dieser – vornehmlich aus zwei Gründen: erstens ist diese Matrix-Technik die einfachste mir bekannte. Zweitens – und dieser Aspekt hat noch mehr Relevanz – diese Matrix ist die einzige, die emotionale Überzeugungen bei der Entscheidungsfindung gleichgewichtet mitberücksichtigt.

Die Arbeit mit der Entscheidungsmatrix bietet mehrere Vorteile:

- **sie ist ein einfach anzuwendendes Instrument, bedarf keiner Hilfsmittel,**

- ist ohne externe Moderation, Trainer oder Coach durchführbar,
- ist auf jedes Problem anwendbar,
- ist überall anwendbar,
- gewichtet Intuition und Ratio gleich.

Man bedenke: Es ist noch gar nicht lange her, da kostete es eine ganze Portion Überwindung und Mut, Emotionalität anzusprechen, gerade in Führungskreisen. Teilweise stellte sie sogar ein Ausschlusskriterium für Karriere bzw. Kooperation dar.

Heute beschäftigen sich selbst die CEOs der DAX Konzerne mit den emotionalen Kaufkriterien ihrer Kunden, mit positiver Psychologie, mit Motivation und bringen dieses Wissen ganz gezielt in Change-Management und in die strategische Planung ein. Die Neurowissenschaften haben längst bewiesen, was Malcom Gladwell in seinem Bestseller „Blink: The power of thinking without thinking" (Little, Brown, 2005) als These formulierte, nämlich dass der Mensch emotional entscheidet, um danach Entscheidungen rational zu rechtfertigen. Kurz gesagt: Die Emotion ist der Ratio immer einen oder zwei Schritte voraus.

Die nachfolgenden realen Beispiele zeigen die Entscheidungs-Matrix in Anwendung. Geklärt wird das eigentliche Ausgangsproblem, die emotionale Einstellung der Akteure, um dann die Handlungsalternativen zu betrachten, abzuwägen und dann erneut rational zu entscheiden. Im Anschluss wird Plan B entwickelt.

Worin liegt der Vorteil? Gerade Führungskräfte und Menschen, die unter Druck verantwortlich handeln (sollen), tendieren bei Krisen und in der Entscheidungsfindung, zum Beispiel bei der Stellenbesetzung oder bei großen Investitionen zu einer fingierten Logik, der Verzettelung in Argumente und dem daraus resultierenden

Nicht-Handeln. Gleiches gilt für Privatleute, die sich durch aufgeschobene Entscheidungen inzwischen unter enormem Druck sehen. Und das, obwohl sie bereits emotional eine Entscheidung getroffen haben, der sie jedoch nicht vertrauen oder die sie schlichtweg unterdrücken. Die Folge: schlechtere oder keine Ergebnisse, was zur Verschlechterung der Gesamtsituation führt. Darum will ich aufzeigen, welche Handlungs- und Entscheidungsalternativen es gibt.

Beispiel

Martin ist Leiter einer Vermögensberatungskanzlei. Deren Credo ist es, Mandanten persönlich, vertraulich und vollumfänglich zu beraten. In seiner Freizeit liest Martin Managementliteratur und besucht auch hin und wieder Seminarveranstaltungen, weswegen er sich auch mit den Veränderungen seines Berufsbildes auseinandersetzt.

Als es, bedingt durch Corona, zu einem Stopp von Kundenbesuchen kommt und Martin auf Zoom-Calls und Telefonberatung umsteigen muss, ruft er den Autor eines der Bücher an, die er gelesen hat und fragt ihn, ob er seinen Job als Vermögensberater tatsächlich zunehmend digitaler gestalten sollte.

Der Autor (Sascha Lobo) erklärt ihm, dass Martin die Radikalität des Wandels völlig unterschätze und er sich gerade im Finanz- und Beratungswesen dringend mit Plattformökonomie – also internetbasierte Geschäftsmodelle, prozessgesteuerte und verknüpfte Organisationen – auseinandersetzen und sein Businessmodell umstellen müsse. Martin legt erzürnt auf und sagt sich, dass Lobo von Finanzen keine Ahnung habe.

Martins Entscheidung ist daraufhin, alles beim Alten zu belassen und die Situation auszusitzen. Seine Begründung: Es werden auch wieder bessere Zeiten kommen, das habe ihm die Vergangenheit gezeigt. Aber selbst erfahrene Anleger beginnen sich für digitale Anlageberatungen zu interessieren. Martin bleibt nichts anderes übrig, als sich auf die ältere Generation seiner Kunden zu beschränken und zu hoffen, dass die Börse sich stabilisiert.

Wenn Sie bessere Entscheidungen treffen möchten als Martin oder Brigitte, dann lege ich Ihnen die Entscheidungsmatrix ans Herz. Fangen Sie mit einer kleineren Entscheidung an, wenn Sie sich an die großen Themen nicht sofort herantrauen. Erfolg ist schließlich keine Sache der Perfektion, sondern des Handelns, und diesem geht stets eine Entscheidung voraus.

In vielen Situationen ist es die Präzision einer Entscheidung, in anderen Situationen ist es wiederum die Schnelligkeit, die über Erfolg oder Misserfolg entscheidet. In einer anderen Situation wiederum ist es die soziale Akzeptanz, die ausschlaggebend ist. Sie treffen beispielsweise eine politische Entscheidung nicht notwendigerweise, weil sie objektiv die beste ist, sondern weil es diejenige ist, die sozial am stärksten akzeptiert wird.

Eine weitere Dimension ist das, was wir Accountability, also Rechenschaft, nennen. Diese finden wir häufig im medizinischen Bereich, wenn in erster Linie mit dem Blick darauf entschieden wird, was schiefgehen könnte und wie man sich dann rechtfertigen würde.

Je nachdem, welche dieser Dimensionen in einer Situation entweder von einem selbst oder von der Institution oder der Gesellschaft als wichtig erachtet wird, würde man ganz unterschiedliche Maßstäbe heranziehen, um zu bewerten, ob eine Entscheidung im Nachhinein gut oder schlecht ist.[9]

Nur den persönlichen Vorteil im Blick?
Wer beurteilt, wie gut wir entscheiden? Aktuell improvisieren viele Firmen auf Organisations- oder Teamebene, wenn es um die Zukunft des Arbeitens, Denkens und eben auch Entscheidens geht. Agilität, kürzere Wege und der Abbau von Hierarchien stehen dabei im Vordergrund. Ist man in Deutschlands Firmen doch schon besser und weiter, als die zitierte BCG-Studie vermuten lässt?

„Natürlich nicht immer", räumt Marc Stoffel von Haufe-umantis ein. Hier steht die Entscheidungskompetenz der Führungskräfte im Fokus. Wenn Führungskräfte abgewählt oder Teamkollegen entlassen werden, komme es durchaus zu Konflikten, die dann ausdiskutiert werden müssen. „Zudem kosten demokratische Entscheidungsprozesse relativ viel Zeit", so Stoffel. Doch er ist überzeugt, dass sich diese Investition lohne.[10]

Und was, wenn ein Mitarbeiter von Mitverantwortung gar nichts wissen will? Ivo Bättig von Unic setzt bei skeptischen Kollegen auf den Faktor Zeit. „Jeder bekommt bei uns Zeit, Selbstorganisation und -verantwortung zu lernen", sagt er. „Ich bin überzeugt, dass viele Menschen das eigentlich können und wollen, es durch die Art, wie Organisationen ‚klassisch' geführt werden, jedoch nie richtig lernen durften."

Sie kennen solche Fragestellungen bestimmt aus Ihrem eigenen Leben: Sollen wir spazieren gehen oder ein Buch lesen? Gibt es am Abend noch Chips oder doch lieber ein Stück Obst? Gucke ich den Krimi oder soll ich lieber ausschlafen? Fahren wir ans Meer oder lieber in die Berge?

Stets fragen wir uns vor jeder dieser konträren Wahlmöglichkeiten, welche die beste Alternative ist. Welche Wahlmöglichkeiten, welche Konsequenzen und welche Gewinne diese Alternative mit sich bringt. Wir wägen die potenziellen Kosten und Gewinne gegeneinander ab.

Wo wir uns mit dem Gewinn im Abgleich zu den Ausgaben deutlich wohler fühlen, erwägen wir das Entscheidungsrisiko einzugehen. Gleichzeitig herrscht natürlich immer eine gewisse Anspannung und Nervosität, da wir nicht wissen, wie Entscheidungen sich auswirken werden. Um auf der vermeintlich sicheren Seite zu sein, treffen wir lieber gar keine Entscheidung als die falsche.

Paradox wird es dann, wenn wir uns Folgendes vor Augen führen: Wenn wir über den Ausgang einer einzelnen Entscheidung Bescheid wüssten, dürften wir auch keine Entscheidung treffen, weil wir ja nicht wissen, wie es im anderen Fall ausgegangen wäre. Eine scheinbar aussichtslose Situation mit etlichen Variablen, die wir nicht kennen und niemals kennen können.

Was sind die Entscheidungsstrategien der Topmanager?
Wie reagieren Topmanager nun auf solche Entscheidungsengpässe? Denn von ihnen wird, kraft ihres Amtes, erwartet, ebenso gute wie nachhaltige Entscheidungen in möglichst kurzer Zeit zu treffen, selbst wenn das paradox klingt.

Wir wissen zumindest, dass viele bekannte Executives versuchen, die Dichte oder Anzahl der zu treffenden Entscheidungen auf ein sinnvolles Maß zu reduzieren. Ein viel zitiertes und gutes Beispiel zu diesem Thema ist Steve Jobs: Er trug selbst zu hohen Businessanlässen stets dieselben Kleidungsstücke, um nicht morgens vor dem Kleiderschrank vor der Wahl zu stehen, was er denn anziehen müsse. Dieses triviale Beispiel zeigt eine Form der Automatisierung von Entscheidungen: Es spart Zeit und andere Ressourcen für schwerwiegendere Entscheidungen.

Ist es denn tatsächlich möglich, sämtliche Entscheidungen outzusourcen oder gar zu automatisieren? Zumindest ist durch Business-Process-Outsourcing der stetige Versuch da, alle dialog- oder entscheidungsgestützten Geschäftsprozesse zu steuern wie Marktanalysen, Customer Experience, Wettbewerbsanalyse, Prognosen, Marktdynamik, Produkt-/Dienstleistungsplatzierung, Design, Standortanalysen, Kommunikation etc. Die Entscheidungen werden dann mehr auf Algorithmen und Chatbots verlagert. Dies sieht man Beispielsweise am Facebook- oder Instagram-Feed sehr eindrücklich. Hier entscheidet einzig und allein der Algorithmus, welche Nachrichten gezeigt werden und welche nicht.

Die Anzahl an Modellen und an Workshops zur Entscheidungsfindung und die Dichte an Entscheidungsratgebern hat enorm zugenommen. Dies illustriert die Not, mit der Entscheider zu kämpfen haben. Denn wo keine Nachfrage, da kein Angebot. Und die Nachfrage ist in einer sich zunehmend beschleunigenden und immer komplexer werdenden Zeit größer als jemals zuvor. Der Trend scheint sich, mit den neuen Möglichkeiten der Digitalisierung, sogar noch zu verstärken.

Die Entscheidungsmatrix kann dabei helfen, sowohl autonom als Individuum als auch gemeinsamen mit anderen Entscheidungen zu treffen mittels eines unterstützenden Verfahrens, das die besten Entscheidungen für wesentliche Situationen des Lebens ermöglicht. Schließlich geht es ja um mehr als die Entscheidung an sich, es geht darum, diese mit Überzeugung zu leben. Denn schon Johann Wolfgang Goethe soll folgenden Satz gesagt haben: „Es bleibt einem jeden immer noch so viel Kraft, das auszuführen, wovon er überzeugt ist."

Fazit

Zu entscheiden bedeutet nichts anderes, als aus mindestens zwei potenziellen Handlungsalternativen eine auszuwählen. Dies hört sich einfacher an, als es sich dann in der Realität gestaltet, denn unsere Entscheidungen werden maßgeblich von unseren Beziehungen zu anderen Menschen beeinflusst.

Der Druck bei Entscheidungen resultiert aus der Angst, etwas zu verpassen, die schlechtere Alternative zu wählen oder sich nicht mehr umentscheiden zu können. Das betrifft Kaufentscheidungen ebenso wie den beruflichen Weg oder den Lebensstil.

Wir sollten uns daher von der Idee der „perfekten" Entscheidung verabschieden. Lieber eine aktiv getroffene Entscheidung als eine unfreiwillige. Und einen gangbaren Plan B.

4.1   Entscheidungsängste

Unabhängig davon, wie man Entscheidungen trifft, welchem Entscheidungstyp (James) man angehört bzw. ob man immer auf der Suche nach der vermeintlich besten Alternative ist, ob man individuell oder sich lieber hierarchisch kollektiven Entscheidungen unterwirft. Diese viele Fragen helfen, weil sie uns aus dem befreien, was Ruth Chang die „normative Macht der objektiven Logik"[11] bezeichnet.

Es sei daran erinnert, was Chang gerade den absoluten Entscheidern entgegenhält, die erkennen müssen, dass Entscheidungsalternativen stets in Abhängigkeit zu Umständen stehen: „ … one alternative is better in some relevant respects, the other alternative is better in other relevant respects, and yet neither seems to be at least as good as the other overall, that is, in all relevant respects".

Die meisten Verfahren, um gute Entscheidungen schnell herbeizuführen, basieren darauf, die Alternativen an den sich daraus ergebenden Vorteilen zu messen. Nach wie vor unterwerfen wir uns der Dominanz der Logik des Vorteils. Dies ist auch verständlich, schlussendlich ist unser wissenschaftlicher Fortschritt und mithin unser gesamtes modernes Leben von Logik geprägt. Gleichzeitig glauben wir, dass wir als Individuen über eine absolute Wahlfreiheit verfügen. Durch Medien und Politik wird dieser Glaube nachhaltig verstärkt. Doch genau diese Ausdehnung auf ein unübersichtliches Maß an Wahloptionen sorgt dafür, dass Menschen sich überfordert fühlen. Statt Glück und Zufriedenheit herrschen oftmals Trägheit, Überforderung und Paralyse.

Das Individuum fühlt sich einer Situation eher ausgeliefert und angesichts eines unüberblickbaren zeitlichen Horizontes überfordert und stellt sich unmittelbar folgende Fragen:

- Was ist denn für alle Ewigkeit die beste Wahl?
- Was ist hier, jetzt und sofort für mich die beste Wahl?

Genau diese Formen der Fragestellung führen zur eben angesprochenen Überforderung, denn keine Alternative ist die deutlich beste. Eine Entscheidung weist immer positive wie negative Folgen auf, egal wie gut wir sie auch durchdacht haben.

Entscheidungen, die an die Gruppe ausgelagert werden, sind bequemer und damit wohl auch erfolgsversprechender.

Beispiel

Statt den bisherigen Geschäftsführer durch eine kompetente Person zu ersetzen, hat das Unternehmen nun ein Team, bestehend aus vier Führungskräften zur Geschäftsleitung ernannt. Es konnte schlicht nicht entschieden werden, wer Chef wird. Der bisherige Chef wollte sich in die Diskussionen nicht mehr allzu sehr einbinden. Bei einem mittelständischen Unternehmen von weniger als 150 Mitarbeitern sind vier Geschäftsführer nicht nur überdimensioniert, die Konflikte auch vorprogrammiert.

Wie werden Entscheidungen nun getroffen?

Die Wahrscheinlichkeiten werden auf der Basis von Erfahrungen abgeleitet.

- Es werden stets noch – vermeintlich – bessere Optionen miteinander verglichen oder das Schlimmste vermieden.
- Zeitabstände werden ausgedehnt, vertagt, ggf. wird nicht Vergleichbares verglichen (Äpfel mit Birnen).

- Es kommt zu Prokrastination, Aufschub, hohen Opportunitätskosten, Lähmung, Unzufriedenheit.

Fazit

Bei Entscheidungen gibt es nicht zwingend eine bessere Alternative, wohl aber eine individuell passendere. Darum muss die persönliche Intuition bei Entscheidungen mit ins Kalkül gezogen werden.

Schieben wir Entscheidungen auf, kommt es zu Unzufriedenheit und Prokrastination, denn die Probleme lassen sich in den allerseltensten Fällen durch Aufschub lösen.

4.2 Angst, die beste Option zu verpassen

»Komm, wir gehen.«
»Wir können nicht.«
»Warum nicht?«
»Wir warten auf Godot.«
»Ach ja.«
(aus Samuel Beckett, Warten auf Godot).

Es gibt wohl keine bessere Illustration für die Lähmung ins Handeln zu kommen, beziehungsweise die von Dan Gilbert als „Fear of Better Option" bezeichnete Angst, eine bessere Option zu verpassen als das Theaterstück von Samuel Beckett „Warten auf Godot". Vladimir und Estragon warten Tag für Tag auf die Ankunft eines angekündigten Herrn Godot, der jedoch Tag für Tag nicht eintritt. Über das Warten hinaus haben Sie sogar den Grund vergessen, warum es sich überhaupt lohnt, auf die Ankunft von Herrn Godot zu warten.

Jeden Tag nehmen sie sich erneut vor, das Warten zu beenden und stattdessen mit ihrer Zeit etwas Sinnvolleres anzufangen.

Schließlich bemerken sie sogar, in welch ausweglose Situation sie sich selbst gebracht haben, einerseits von der Welt vergessen worden zu sein und andererseits den Sinn ihrer Existenz vergessen zu haben. Wegen dieser Sinnlosigkeit haben sie sogar Selbstmordgedanken. Doch selbst diese vergessen sie und verharren im Warten. Godot illustriert hervorragend das, was Gilbert mit „Paralyse of Choice" meint. In der Realität ist dies häufig anzutreffen.

Dazu ein Beispiel:

> **Beispiel**
>
> Annika ist Mitte 40, Mutter eines Kindes und glücklich verheiratet. Sie ist freie Trainerin bei einem internationalen Großunternehmen und verbringt ihren Arbeitsalltag damit, interne Talente bei ihrer Karriere und ihrer individuellen Berufslaufbahn zu unterstützen. Insbesondere kümmert sie sich um die Auszubildenden, die nach dem dritten Lehrjahr übernommen werden sollen.
>
> Da Annika sehr gerne Englisch spricht und während des Studiums im Ausland war, genießt sie diese Arbeitstätigkeit. Denn so gut wie jeden Tag kann sie im internationalen Kontext ihre Sprachleidenschaft anwenden. Sie hat einen erfüllenden und abwechslungsreichen Job.
>
> Von einer Freundin wird sie eines sonntags zu einer Marketingveranstaltung mitgenommen und ist sehr beeindruckt von der Bühnenpräsentation, den Speakern, der lauten Musik, den Präsenten. Es ist für sie eine ganz neue Welt. Im Publikum, aber auch auf der Bühne sieht Annika viele Mütter mit einer ähnlichen Biografie wie sie selbst: Deren Geschichte fasziniert sie, denn mit einem Mal wird ihr bewusst, dass ihr so lieb gewonnenes Leben sehr bürgerlich ist, sie in viel zu kleinen Dimensionen dachte, und sie sich immer nur um die Fortbildung anderer Leute

gekümmert hat, ihr eigenes Potenzial aber völlig brach liegen ließ.

Annika beschließt noch an diesem Abend, dass damit nun Schluss ist.

Als sie zu Hause angelangt, kommt ihr mit einem Male alles sehr klein, grau und fad vor. Sie vermisst den Glamour und Glitzer des Tages. Eigentlich wollte sie am nächsten Tag mit ihrem Mann und den Kindern für ein paar Tage in den Urlaub fahren, doch sie beschließt allein zu Hause zu bleiben und die Zeit für sich zu nutzen.

Als sie allein im Haus ist, beginnt sie mit Recherche-arbeiten zur Persönlichkeitsentwicklung, Potenzialent-faltung, Selbstpositionierung und bucht kurzerhand einen Online-Styling-Kurs, eine Redner-Akademie und einen Onlinekurs zum Webseitenaufbau. Dafür überzieht sie ihr Konto und muss auf finanzielle Familienreserven zurück-greifen. Zu spät merkt sie, dass der Beginn einiger Kurse sich mit denen anderer überschneidet, sie für die Teil-nahme an manchen Veranstaltungen Formulare ausfüllen muss und dabei gerät sie in Stress.

Bereits 48 h später stellt sich ihr Rechercheurlaub zu Hause als absolutes Desaster heraus: sie isst am Schreib-tisch, wandert mit dem Laptop zwischen Arbeits- und Wohnzimmer und Küche hin und her, vergisst die Tele-fonate mit ihrer Familie. Sogar die sonst immer fest ein-geplante Yoga-Morgenroutine entfällt. Annika bemerkt in dieser Situation, dass Kopf- und Rückenschmerzen auf-treten.

Als ihr Mann schließlich ein paar Tage später nach Hause kommt, findet er nicht nur eine völlig chaotische Wohnung, sondern auch eine recht aufgelöste Annika vor. Sie berichtet von unbegrenzten Möglichkeiten, raus aus dem Hamsterrad, dass sie sich selbstständig machen wolle, dass der Job beim bislang geschätzten Arbeitgeber sie nunmehr zu sehr einenge etc. Annikas Mann versteht gar nichts mehr. Als er seine Kreditkartenabrechnung sieht, stellt er sie zur Rede, woraufhin sie recht aggressiv reagiert und ihm mangelnde Unterstützung ihrer Karriere vorwirft.

Inzwischen hat Annika zehn parallel stattfindende Kurse gekauft, jedoch keinen einzigen auch begonnen, geschweige denn absolviert. Sie sieht den eigentlichen Schlüssel zu ihrem Durchbruch in einer Coachingaus-bildung, der sie dringend den Vorrang geben wolle, bevor sie sich in die anderen Themen vertiefe. Dazu wolle sie

sich krankschreiben lassen, um sich vollends auf die Ausbildung konzentrieren zu können. Ihr Mann versucht ihr ins
Gewissen zu reden, dringt aber nicht zu ihr durch.

In der Auftaktveranstaltung der Coachingausbildung
trifft Annika auf andere Menschen mit ähnlichem
Ausbildungs- und Tätigkeitshintergrund. Als man sich vorstellt, hört sie von den anderen, wo diese gerade hinsichtlich ihrer Positionierung, Fragestellungen und so weiter
stehen. Annika glaubt zu erkennen, dass alle anderen
im Erfolgsprozess bereits weiter fortgeschritten sind
als sie selbst und fragt nach Tipps, um ihren Erfolg zu
beschleunigen. Als man ihr neue Kurse, Trainer und Zerti-
fizierungen vorschlägt, verzweifelt Annika. Sie hat bereits
viel Geld ausgegeben und wenig umgesetzt. Was das
Ganze noch schlimmer macht, ist, dass sie nun auch den
Glauben an sich selbst verloren hat. Ihre hohen, selbst-
geschmiedeten Pläne scheinen sich in Rauch aufzulösen,
noch bevor sie überhaupt gestartet hat.

Noch am gleichen Abend spricht sie mit der Scheidungsanwältin, da ihr Mann und sie inzwischen getrennt leben. Die
Scheidungsanwältin ist auch Mediatorin und fragt Annika,
was sie vom Leben erwarte, was sie noch erreichen wolle und
weshalb sie die ganzen Ausbildungen gekauft habe. Annika
muss sich eingestehen, dass sie es nicht mehr weiß.

Annika ist kein Einzelfall für die hohen Abbrecherquoten
in den selbstgesteuerten Lernwelten des E-Commerce:
Bei Zertifikatskursen absolvieren pro 150.000 ein-
geschriebenen Anfängern nur ca. 7000 den Online-Kurs,
das sind 5 %.[12] Und dabei wächst das Geschäftsfeld des
digitalen Lernens zu einem Milliardengeschäft heran.
Doch Annika führt uns perfekt vor Augen, dass die entsprechenden Handlungsabsichten in den Vordergrund
gerückt werden müssen, wenn man eine Entscheidung
mit Überzeugung vorantreiben will. Andernfalls besteht
die Gefahr, sich in Aktionismus und Kurzfristerfolgen zu
verheddern, die vom eigentlichen Weg wegführen. Die
Handlungsabsichten bieten Orientierung und Klarheit.

Die Tatsache, dass dem eigentlichen Entscheidungsprozess eine genaue Zielsetzung vorausgehen muss, ist in der Forschung lange vernachlässigt worden. So hat man sich in der Entscheidungspsychologie stets mit der Wahlmöglichkeit an sich, der Entscheidung zwischen Alternativen und dann erst mit der Handlungsabsicht beschäftigt.

So leitet der amerikanischer Wirtschaftswissenschaftler Herbert Simon, aus dem Hang für die Entscheidungsfindung Alternativen zu benennen und immer noch mehr Informationen zu sammeln, ab, dass der Mensch erst danach Handlungsabsicht und einen zu erwartenden Nutzen ableitet.

Zwar erkennt er an, so wie alle anderen Wissenschaftler in diesem Bereich, dass Menschen bei ihren Entscheidungen niemals alle Alternativen und Konsequenzen kennen können, aber auch er greift zu kurz, weil Handlungsabsicht vor der Entscheidung im Vordergrund stehen muss. Es gibt einfach keine Veränderung ohne einen vorausgegangenen Entschluss. Wir müssen etwas wirklich wollen und unsere Handlungs- und Veränderungsenergie darauf ausrichten, um die Entscheidung dazu auch treffen zu können. Sind Interesse wie Leidenschaft, Schmerz, Absicht nicht groß genug, wird der Entschluss halbherzig ausfallen und die Handlung ausbleiben.

Die Psychologen nennen dieses Phänomen eine begrenzte Rationalität, also trotz oder wegen der Flut an Informationen, in der Entscheidungsfähigkeit eingeschränkt zu sein. Sie gehen dabei aber immer von einem „um zu" aus, also einer direkten Konditionalität, anstatt einem höheren Sinn. Simon führt zur Illustration ein Beispiel an: Wer nicht weiß, welchen Beruf er erlernen soll, kann nicht alle auf dieser Welt existierenden Berufe kennenlernen und aus der Flut an Informationen die richtigen Konsequenzen ableiten.

Gemäß einer "satisficing rule" wird eine Option ausgewählt, die die selbst gesetzten Ansprüche erfüllt. Soweit Simon. In der Realität ist das aber nicht der Fall. Das zeigen die hohen Zahlen derer, die zum Beispiel zum Stichtag des Studienwahltermins oder zum Wahltermin eine Ausbildung gar nicht erst antreten. Weit höher ist noch die Zahlen derer, die sich zu einem Ausbildungs- oder Studienfach einschreiben, aber nie auch nur zum ersten Ausbildungstag erscheinen. Das heißt, die Entscheidung wurde schon einmal getroffen, aber nicht mit Überzeugung in der Realität umgesetzt.

Viel wichtiger wäre die Frage nach einem höheren Ziel ("higher purpose"): Was will ich mit meinem Beruf, meiner Ausbildung erreichen, anstatt zu fragen: Was will ich werden?

Entscheidungen geschehen oft in guter, ja bester Absicht – aber gut gemeint bedeutet nicht zwingender Weise auch gut gemacht.

Ein Beispiel dazu:

Beispiel

Eine neue Geschäftsführung ist noch in der Einarbeitungs- und Orientierungsphase. Der Vorstandswechsel ist in einigen Monaten geplant. Die Selektionsphase für den vakanten Posten im Top-Management hat gerade erst begonnen.

Werden in Unternehmen strategische Veränderungen trotz besseren Wissens nicht angegangen, hängt dies häufig mit der guten Absicht zusammen, eine Verschlechterung verhindern zu wollen. Führungskräfte erkennen die Probleme im Unternehmen, entscheiden aber, diese jetzt nicht zu lösen. Sie tun dies in bester Absicht. Zum einen, um dem neuen Chef/Manager/Vorstand einen guten Einstieg zu ermöglichen und ihm nicht vorzugreifen. Zum anderen aber auch, um sich selbst zu schützen, das heißt vor möglichen ungünstigen Auswirkungen von Entscheidungen, die dann vom neuen Vorgesetztem kritisiert und gegebenenfalls sogar sanktioniert werden könnten.

> **Fazit**
>
> Menschen tendieren dazu, Entscheidungsprozesse durch das Sammeln von Informationen zunächst fundierter zu gestalten, um sie danach zu verkomplizieren: Die ursprünglich Handlungsabsicht rückt in den Hintergrund, die Beschäftigung mit Informationen in den Vordergrund. Für manche Branchen stellt dieser Drang ein Riesengeschäftsfeld dar, welches bedient werden muss. Gleichzeitig wird dadurch die Situation, in denen sich Menschen in Entscheidungsnot befinden, zusätzlich verfestigt.

4.3   Angst, etwas zu übersehen

Manchmal sind die einzelnen Handlungsalternativen und die sich daraus ergebenden Konsequenzen so verlockend, dass auch hier keine Entscheidung getroffen werden kann. Das folgende Beispiel erinnert sehr an die Luxussituation von Buridans Esel zu Beginn dieses Buches.

> **Beispiel**
>
> Der Beirat einer Baugesellschaft besteht aus fünf Mitgliedern, jeweils selbstständigen Unternehmern, die zweimal jährlich zusammenkommen, um über Investitionen und Fortschritt ihrer gemeinsamen Projekte zu beraten.
>
> Dieses Mal stehen die Vermarktung und die generelle Nutzung einer Immobilie auf der Agenda. Bei dieser Immobilie gibt es allerdings mehrere Möglichkeiten der Nutzung. Zwei Optionen erscheinen den Mitgliedern besonders attraktiv.

Das Treffen soll Klarheit und möglichst eine endgültige Entscheidung über das weitere Vorgehen herbeiführen, damit man mit den finalen Bauarbeiten und auch der Vermarktung beginnen kann. Dahinter steht natürlich auch der Gedanke, dass die Investoren möglichst schnell einen Return ihres Investments sehen wollen.

Da man eine möglichst profunde Entscheidung treffen möchte, hat man Berater hinzugezogen, die den Prozess forcieren sollen. Bei der Immobilie handelt es sich um ein nahe des Einkaufszentrums gelegenes Gebäude, das zwar nicht denkmalgeschützt ist, jedoch im alten Stil renoviert wurde. Es liegt direkt an der Straße, verfügt über einen großen Parkplatz und die straßenabgewandte Seite besticht durch bodentiefe Fenster mit Fluss- und Panoramablick.

Die Gegebenheiten seien perfekt für die Einteilung und Ausbau in kleinere Eigentumswohnungen, sagen die einen Berater. Wie geschaffen für die Hallenanlage als innovativen und für die Gegend einmaligen Concept Store, mit offener Ladenfläche für spezielle Food- und Non-Food-Angebote, sagen die anderen. Tatsächlich herrscht noch vor der detaillierten Projektpräsentation der Berater eine Spaltung im Kreis der Gesellschafter: die einen wollen die Eigentumswohnungen, die anderen den Concept Store. Man erwartet nun, durch die Berater und die Präsentation der Vorteile, dennoch eine schnelle Einigung erzielen zu können, doch die Lager verhärten sich im Laufe der Präsentation merklich.

Die Auflistung der größten Vorteile von Eigentumswohnungen umfasst:

- Es ist sehr unwahrscheinlich, auf den Eigentumswohnungen sitzen zu bleiben. Im Gegenteil: eine gute Rendite scheint sehr wahrscheinlich.
- Es herrscht ein gutes Netzwerk in diesem Segment.
- Eigentumswohnungen in dieser Gegend, mit dieser Lage, verkaufen sich hervorragend.

- Es besteht bereits fundiertes Know-how in der Gestaltung und Vermarktung von Eigentums- wohnungen.

Die Auflistung der größten Vorteile eines Concept Store umfasst

- Bewährte Innovation: Der Nischenmarkt ergänzt den Einzelhandel und erhöht die Attraktivität für beide Segmente, Erfahrungswerte sind gegeben.
- Kaufkraft für Luxusartikel ist vorhanden.
- Dauerhafter Verdienst an der Pacht.
- Stärkung von Tourismus und Marke.

Beide Lager haben sehr gute Argumente auf ihrer Seite. Welche Argumente sind die besseren? Gibt es eine objektive Möglichkeit, diese Frage zu beantworten? Sie werden sehr schnell feststellen, dass die Beantwortung dieser Frage vom jeweiligen Bewertungssystem der Ent- scheider abhängt. Es ist entscheidend, welche Werte für diese wichtig sind und welche weniger. Das Treffen individueller Entscheidungen ist schon schwierig genug, doch wenn mehrere Entscheidungsträger – mit unter- schiedlichen Wertesystemen – beteiligt sind, wird die Lage noch komplexer.

Sehen wir uns das hier im Verlauf einmal an: Die eher jüngeren Gesellschafter, die zudem nicht so sehr an bestehenden Lösungen und deren Wiederholung interessiert sind, tendieren eher dazu, den Concept Store und damit das innovative Geschäftsmodell, mit Allein- stellungsmerkmal in der eher ländlichen Region, zu implementieren. Sie präferieren den nachhaltigen Erfolg für die Region und vernachlässigen demzufolge die eher traditionelle Lösung der Eigentumswohnungen.

Die älteren Gesellschafter hingegen, die schon oftmals sehr gute Erfahrungen mit Eigentumswohnungen gemacht haben, sind natürlich auch sehr erfahren in der Optimierung dieses wirtschaftlichen Systems und können bei einem erneuten Projekt diese Erfahrungen einfließen lassen, um dieses Erfolgsmuster zu wiederholen.

Nun ist es völlig normal, dass alle Parteien ihre Argumente auf den Tisch legen, um zu einer Entscheidung zu gelangen. Doch wird durch dieses Vorgehen der Entschluss erleichtert? Keineswegs.

Weshalb ist dies so? Hier haben wir den klassischen Fall, bei dem Cheng davon spricht, dass zunächst keine Option wirklich besser zu sein scheint als die andere.

Was passiert? Das, was in den meisten Fällen, in denen Entscheidungen getroffen werden sollen und müssen, immer passiert: Die Entscheidung wird zunächst vertagt, und dann wird sie gar nicht getroffen.

Doch so einfach ist es im vorliegenden Fall nicht. Denn schließlich sind hier weitaus mehr Beteiligte, in Form von Investoren, von der Entscheidung in die eine oder andere Richtung abhängig. Es steht viel Geld auf dem Spiel, was den Entscheidungsdruck auf die Gesellschafter massiv erhöht. Sollte es da nicht logisch sein, so schnell wie möglich eine Entscheidung herbeizuführen und einen Return on Investment zu erzielen?

Das kulturelle Dilemma

Entscheidungsexperte Patrick McGinnis bezeichnet in seinem Buch: „How to make faster decisions" Beispiele wie als ein „cultural dilemma": anstatt tatsächlich schnellere Entscheidungen treffen zu können, werden die Entscheider der Immobiliengesellschaft bei der Wahl zwischen zwei oder mehreren Optionen langsamer und langsamer. Dies geschieht aus genau zwei Gründen:

erstens fürchten sie, dass ihnen Chancen generell entgehen
könnten, zweitens fürchten sie, die beste Option zu übersehen.

Nichts anderes geschieht auch hier in der Diskussion
der Immobiliengesellschaft: eigentlich können die
Investoren bei beiden Optionen nur gewinnen. Sowohl
die Möglichkeit der Eigentumswohnungen als auch die
Möglichkeit des Concept Stores sind gewinnversprechend.
Es ist eigentlich die beste aller Welten, in der sie sich
befinden. Doch, anstatt eine Entscheidung zu treffen
und diese konsequent umzusetzen, fürchten die Akteure
Details oder mögliche Fallstricke zu übersehen und sich
damit um die jeweils andere, im Nachgang doch bessere
Option zu bringen.

So hören wir in der Diskussion der Gesellschafter tatsächlich Redewendungen, wie sie häufig anzutreffen sind:
„Lass uns drüber schlafen; Wir setzen diesen Punkt das
nächste Mal auf die Agenda; Ich spreche noch mal mit
meiner Frau darüber" etc.

Sie fragen sich vielleicht, wie die Sache ausgegangen
ist. Tatsächlich ist bis heute nicht weiter investiert worden
und die Immobilie steht weiterhin leer. Die Opportunitätskosten, anders ausgedrückt: „Was muss ich aufgeben,
um zu bekommen, was ich will?", bestehen in diesem
Fall in den Kosten der Immobilie sowie in allen Folgekosten und dem Verzicht auf die Pacht oder Mietein-
nahmen. Sie sind also durchaus gewaltig. Und trotz
dieser enormen Ausgaben und dem daraus resultierenden
Druck konnte keine Entscheidung für die eine oder
andere Variante getroffen werden. Darüber haben sich
die Gesellschafter sogar zerstritten, die Struktur unlängst
grundlegend verändert. Und ich wünsche den neu hinzu-
gekommenen mehr Durchsetzungskraft.

Über Heuristiken und Fehlschlüsse

Warum konnte es im vorangegangenen Beispiel, wie in so vielen anderen auch, soweit kommen? Gerade mit Blick auf die Kosten entscheiden wir im Alltag heuristisch, d. h. aus Erfahrungen und gelernten Prozessen schließen wir auf die Gegenwart und auf die Zukunft. Das erlaubt uns, Urteile einfach, schnell und mit möglichst geringem Aufwand zu fällen. Gerade Unternehmensentscheidungen nach dem „Min–Max" Prinzip verlaufen so: So wenig Einsatz wie nötig, so viel Gewinn wie möglich. Hat etwas in der Vergangenheit zu den gewünschten Resultaten geführt, wird es das, angesichts bestehender Probleme der Gegenwart, in Zukunft wohl auch. War etwas in der Vergangenheit zu teuer, wird man die eventuelle Investition in der Gegenwart gar nicht mehr zur Prüfung vorlegen. Diese Vorgehensweise hört sich sinnvoll an, da sie ressourcenschonend ist. Doch leider birgt sie einige Fallstricke, derer man sich bewusst sein sollte.

Mit dem Phänomen der Heuristiken und auch der Fehlschlüsse hat sich insbesondere Gerd Gigerenzer eingehend befasst.[13] Lassen Sie mich hier ein weiteres selbst erlebtes Beispiel anführen, bei dem die kognitive Sparsamkeit, aus Gründen der Heuristik, zu verheerenden Folgen geführt hat:

Beispiel

Ein Konzern führt erstmals in seiner 25-jährigen Geschichte eine Massenentlassung durch. Natürlich ist es bereits zuvor zu kleineren Personalmaßnahmen gekommen, die die Mitarbeiteranzahl anpasste, nie aber zuvor in diesem Ausmaß. Pro Standort sollen zwischen 8 % und 10 % der Mitarbeiter abgebaut werden. Das sind, je nach Niederlassungsgröße, zwischen 20 und 500 Personen. Da es bei den Entlassungen zuvor nie zu Schwierigkeiten kam, sieht man auch jetzt die Warnungen der Outplacementberater als überzogen an. Diese meinten, man solle die Führungskräfte noch einmal, aufgrund der anstehenden Gespräche, schulen. Dazu sah das Management jedoch keine Veranlassung, was in weiterer Folge jedoch zu unangenehmen, ja sogar gefährlichen Situationen führte.

Die Vorgesetzten griffen jetzt leichtfertig zum Telefon und kontaktierten etwa Außendienstmitarbeiter mit der Nachricht der betriebsbedingten Kündigung sogar im Auto. Dabei kam es zu einer beträchtlichen Anzahl an Unfällen und in der Folge auch zu Verfahren wegen Körperverletzung. Jahre später gibt der Konzern bekannt, nicht adäquat auf diese prekäre Situation vorbereitet gewesen zu sein. Viele unangenehme oder gefährliche Situationen hätten durch entsprechende Reflexion und Schulung vermieden werden können.

Fazit

Im Aktienbereich herrscht stets die Angst, nicht jedes Prozent Rendite für sich in Anspruch zu nehmen und die Aktien zu früh zu verkaufen. Dies führt dann dazu, dass man entweder gar nicht auf den schon fahrenden Zug aufspringt oder viel zu spät, nämlich dann, wenn der Rückwärtsgang schon wieder eingelegt wurde.

Selbst in Situationen, in denen Protagonisten gar nicht verlieren können, wie in unserem Beispiel der Immobiliengesellschafter, kann es passieren, dass gar keine Entscheidung getroffen wird. Dies ist für alle Beteiligten oftmals die schlechteste Option und dennoch kann sich niemand durchringen, zu entscheiden. Diese „Fear of missing out – Die Angst, grundsätzlich etwas zu verpassen" werde ich im Nachgang noch beleuchten.

Weiter gilt zu beachten, dass Entscheidungen nie auf einem leeren Blatt Papier getroffen werden. Es herrschen immer bereits Vorerfahrungen mit ähnlichen Situationen. Der Aktienanleger hat vielleicht schon einmal selbst miterlebt, dass eine Aktie abhebt und er nicht und nicht kaufen kann. Wir lassen die Vergangenheit mittels heuristischer Schlüsse oftmals Entscheidungen beeinflussen, egal ob dies sinnvoll oder nicht in dem Moment ist. Zumindest bieten diese heuristischen Gebilde hin und wieder eine Orientierung, auch wenn es die falsche sein sollte.

4.4 Umgang mit Druck

Dan Gilbert artikuliert in seinem Vortrag „Bad Decisions"
das Phänomen, dass wir im Alltag unter Entscheidungsdruck Situationen mit der Vergangenheit abgleichen, ohne
den aktuellen Kontext zu berücksichtigen. Gilbert betont,
dass wir Wahrscheinlichkeiten und deren Auftreten oft
unterschätzen. Ebenso vergleichen wir Möglichkeiten,
obwohl sie aus dem Zusammenhang gerissen oder in
einem komplett anderen Kontext stehen.

Ein augenfälliges Beispiel für dieses Phänomen liefert
uns das folgendes:

Beispiel

Frau Doktor K. bedient sich einer Einarbeitungsstrategie
und Auswahlstrategie, die sie zu Beginn ihrer Berufstätigkeit im Angestelltenverhältnis als für gut befunden hatte.
Dabei ging es jedoch nicht wie jetzt um ihre eigene Nachfolge und somit um einen völlig anderen Kontext.

Jetzt wendet sie die gleichen Strategien an und unterschätzt dabei, dass die Zielsetzung eine völlig andere ist.
Nun geht es vielmehr darum, der möglichen Nachfolgerin
schnellstmöglich Macht, Einfluss und damit Erfolg zu
ermöglichen. Gleichzeitig sollte sie selbst sich mehr und
mehr entlasten und das Tagesgeschäft loslassen. Stattdessen bürdet sie sich durch den Urlaubsverzicht sogar
noch Doppelarbeit und zusätzlichen Stress auf.

Dass dieses Vorgehen von Frau Doktor K. der neuen
Arbeitsbeziehung nicht guttun kann, ist leicht absehbar:
die neue Mitarbeiterin kündigt in einem Wortgefecht, dass
sie mit einer inzwischen völlig überarbeiteten Frau Doktor
K. führt und wechselt zu einem Wettbewerber, dessen
Praxis sie nach einem Jahr übernimmt.

Nicht nur Organisationen, sondern auch Selbstständige
haben Herausforderungen in der verständlichen Darstellung ihres beruflichen Portfolios. Das betrifft

Mediziner in besonderem Maße, weil es durch die Berufs-
ordnung besondere Auflagen gibt. Allerdings sind diese
seit geraumer Zeit gelockert, sodass es ein Irrglaube wäre,
dass Ärzte für ihre Leistungen gänzlich nicht werben
dürften.

Grundsätzlich gestattet ist nach § 27 Abs. 1 der
(Muster-)Berufsordnung der deutschen Ärzte (MBO) die
sachlich berufsbezogene Information. Heute ist man sich
einig, dass dies gerade im Hinblick auf das Patientenwohl
auch nur erwünscht sein kann. Denn, wer die richtige
Entscheidung treffen will, muss umfassend informiert
sein. Das gilt für die Wahl des Arztes genauso wie für die
Wahl der Behandlung.

Damit ist vieles erlaubt, aber längst nicht alles. Einige
Methoden, wie sie von der gewerblichen Wirtschaft
benutzt werden, können Ärzten durchaus untersagt
sein. Gemäß MBO ist grundsätzlich die berufswidrige
Werbung verboten. Der Arzt darf diese weder durch
andere veranlassen noch dulden. Wenn es nun aber um die
Positionierung, insbesondere der eigenen Praxis geht, mit
der Absicht, einen Nachfolger zu finden und das Unternehmen in absehbarer Zeit zu veräußern, kommen Ärzte
schon einmal an ihre Grenzen.

Beispiel

So auch Frau Doktor K., die vor mehr als 20 Jahren ein
eigenes Klinikhaus für Zahnkiefer- Chirurgie, sowie
ästhetisch plastische Verfahren aufgebaut hat. Inzwischen
arbeitet sie nur noch für Privatzahler und hat verschiedene
Spezialisten hinzugezogen, um den internationalen
Patientenandrang bewerkstelligen zu können. Seit einiger
Zeit beschäftigt sie sich mit verschiedenen Zukunftsszenarien, denn für die nächsten 10–15 Jahre ihres Berufs-
lebens hat sie noch einiges vor.

Dabei haben sich zwei verschiedene Alternativen
herauskristallisiert, die ihr besonders attraktiv erscheinen:

> Zum einen kann sie einen Nachfolger rekrutieren, diesen in die laufenden Prozesse einarbeiten und sukzessive aufbauen. Ihrer Einschätzung nach würde das an die 3–5 Jahre Zeit in Anspruch nehmen.
>
> Frau Doktor K. hat hier hohe Ansprüche. Sie möchte einen Nachfolger, der mindestens eine der eigenen Ausbildungen mitbringt oder zumindesteine damit vergleichbare und dazu eine hohe Lernbereitschaft sowie eine klare Prioritätensetzung. Überstunden und der Vorrang von Beruf vor Privatleben müssen selbstverständlich sein.
>
> Die andere Alternative wäre der sofortige Verkauf an einen Investor. Die Angebote sind durchaus attraktiv und haben den Vorteil, dass die Praxis sogar unter ihrem Namen weiterlaufen könnte. Doch müsste Frau Doktor K zukünftig die Kontrolle über Prozesse, Fortschritt und Innovation ihrer Praxis aufgeben.

Würde Frau Doktor K. sich für die erste Variante entscheiden, bedeutet dies einen hohen Zeitaufwand für Rekrutierung, Delegation und Abstimmung mit der Nachfolge. Natürlich bleibt auch die Gefahr bestehen, dass die Nachfolge, selbst nach Jahren der Einarbeitung, das Handtuch wirft und das Weite sucht. Dennoch dürfen hier auch die Vorteile nicht aus den Augen verloren werden. Frau Doktor K. hat die Gestaltung ihrer Praxis auch über die nächsten Jahre sicher noch unter Kontrolle, vielleicht sogar länger. Das bedeutet, dass sie die Teamgestaltung, auch was zukünftige Rekrutierungen anbetrifft, maßgeblich beeinflussen kann. Sollte sich der Nachfolger als nicht geeignet erweisen, kann Frau Doktor K. das Ruder auch wieder selbst übernehmen.

Die zweite Variante ist hingegen finanziell mehr als attraktiv, doch den finanziellen Zugewinn bezahlt sie mit der Abgabe ihrer Kontrolle über das Schicksal der eigenen Praxis. Sie hätte mehr Geld und mehr Zeit zur Verfügung, die sie für Kongresse und Tagungen einsetzen könnte.

Diese kamen in den letzten Jahren, aufgrund des Arbeitspensums, sowieso zu kurz.

Doch wie sie es auch dreht und wendet, der Hang, alles und alle kontrollieren zu wollen, ist am Ende ihr persönliches Erfolgsrezept und hat sie dorthin gebracht, wo sie heute steht. Wenn sie so an die Vergangenheit denkt, dann wird ihr klar, dass sie stets andere Menschen ausgebildet und ihnen so zu ihrem Erfolg verholfen hat.

Darum nimmt sie sich vor, dies auch für die eigene Praxisnachfolge zu tun. Mittels einer, auf die Belange von Ärzten spezialisierten Rekrutierungsagentur, überarbeitet sie die Corporate Identity ihrer Webseite, steuert die Kandidatenansprache über einen Headhunter und führt jedes Einzelauswahlgespräch selbst. Sie vereinbart Probearbeitstermine und erst nach über 20 Auswahlterminen kommt es zu einer Zusage. Allerdings ist die Kandidatin, laut Einschätzung von Frau Doktor K., frühestens in 8–10 Jahren reif für eine mögliche Übernahme ihrer Praxis. Sie vereinbart mit der neuen Kandidatin, dass diese in Frau Doktor K.s dreiwöchentlichen Urlaubsabwesenheitszeiten der Praxis komplett zur Verfügung steht. Frau Doktor K. wird in dieser Zeit, nicht wie sonst, Urlaub nehmen, sondern in der Privatklinik arbeiten, um sich diese Option (=Plan B) aufrecht zu erhalten.

Was hätte, angesichts dieser ausführlichen Vorbereitung, schiefgehen können? Frau Dr. K. erlag lange in zweifacher Hinsicht einem überalterten Fehlschluss: zum einen, dass Ärzte noch immer dem generellen Werbeverbot unterliegen. Zum anderen, dass ihre eigenen in der Vergangenheit erarbeiteten Erfolgsstrategien auch heute noch funktionieren würden. Fehlschlüsse basieren auf Fehlannahmen, die verallgemeinert werden und verleiten uns in Argumentationen und Entscheidungen oft dazu, von unserer angenommenen Wirklichkeit auf die Allgemeinheit zu schließen.

Der Moralphilosoph David Hume hat sich erstmals mit diesem Phänomen auseinandergesetzt, das in aktuellen Diskussionen häufig anzutreffen ist: So werden aus (meist subjektiven) Feststellungen Fakten bzw. sogar Forderungen, wie in politischen und wirtschaftlichen Debatten oft ersichtlich ist. Oder im Beispiel von Frau Dr. K, die ignoriert, dass a) das Werbeverbot aufgehoben ist und b) Ärzte sehr wohl zur Darstellung ihrer Leistungen und zum Zwecke der Positionierung bei Arbeitnehmern und Nachfolgern eine Webseite haben können.

Oft stehen moralische Überzeugungen dahinter (Werben ist schlecht, das tut man nicht etc.) Die Entscheidungsmatrix kann helfen, intuitive Abwehr aufzulösen und eben solche normativen Fehlschlüsse anhand der Argumente sichtbar zu machen.

> **Fazit**
>
> „Die Dinge haben nur den Wert, den wir ihnen geben."
> Jean Baptiste Poquelin oder „Molière" (1622–1673).
> Jeder Mensch verfügt über ein Wertesystem. Das ist etwas Wunderbares, denn es sorgt für Orientierung, selbst in ausweglosen oder sehr komplexen Situationen. Der Nachteil ist, dass den wenigsten Menschen bewusst ist, wie ihr Wertesystem eigentlich aussieht. Es ist oftmals im unbewussten Bereich angesiedelt. Dies ist insofern suboptimal, als dass unsere Entscheidungen vom Wertesystem natürlich mitbeeinflusst werden.
> Die Entscheidungs-Matrix sorgt dafür, dass dieses Wertesystem zumindest teilweise an die Oberfläche geholt wird und in den Entscheidungsprozess – bewusst – miteinbezogen wird. Je besser wir über unsere Wertebasis Bescheid wissen, desto tragfähiger werden auch die Entscheidungen, die wir auf darauf treffen.

4.5   Veränderungsmotivation

Der Wille zur Veränderung ist der stärkste Antreiber, sich zu entwickeln und Entscheidungen zu treffen. Gleichzeitig stellt er jedoch auch den größten Bremsklotz dar. Genau aus diesem Spannungsfeld heraus finanziert und ernährt sich eine ganze Industrie der Persönlichkeitsentwicklung und des selbstgesteuerten Lernens. Der wohl berühmteste Vertreter dieser Branche, Tony Robbins, legt die zwei von sechs menschlichen Grundbedürfnissen[14] hier zugrunde, nämlich das Streben nach Sicherheit einerseits und das Bedürfnis nach Abwechslung andererseits. Abwechslung ist das nächste Grundbedürfnis, der Kontrapunkt zur Sicherheit. Sicherheit zu haben ist schön, aber man braucht auch Abwechslung, damit das Leben spannend bleibt. Neues probieren, Veränderung, Bewegung, Freiheit, Leichtigkeit zählen hier ebenfalls dazu.

Häufig ist es doch so, dass Menschen nicht ins Handeln kommen, obwohl eigentlich alle Zeichen dafürsprechen, dass sie mit ihrem Handeln erfolgreich wären – man denke nur an mein Beispiel mit den Immobiliengesellschaftern, diese konnten eigentlich gar nicht scheitern und dennoch haben sie genau das getan.

Einer der Begründer des systemischen Coachings, Milton Ericsson, spricht darum von der Paradoxie, dass in jedem Vorteil immer auch ein Nachteil für das System des Handelnden bestehe. Anders ausgedrückt, so vorteilhaft die Umsetzung auch erscheint, so nachteilhaft kann sich das im System für den Handelnden auswirken. Aus dem vordergründigen Vorteil wird ganz schnell ein hintergründiger Nachteil.

Beispiel

Corinna ist erfolgreiche Tierärztin auf dem Land. Nach einigen Jahren in der Pharmaindustrie hat sie sich mit ihrer eigenen Praxis selbstständig gemacht, vor allem deshalb, um mehr Zeit mit ihrem Mann verbringen zu können und um das eigene Leben mehr mit dessen intensiver Berufs- und Reisetätigkeit vereinbaren zu können.

Nachdem der eigene Kinderwunsch jedoch unerfüllt geblieben ist, sieht Corinna einige ihrer Potenziale ungenutzt. Nach eigener Aussage ist ihr das reine Tier- arzt-Dasein zu langweilig geworden. Sie genießt es, wenn sie zu Kongressen eingeladen wird und dort ihre Expertise mit dem Fachpublikum teilen kann. Manche Aufgaben als Tierärztin reizen sie zwar noch immer, aber vollkommene Befriedigung sieht anders aus.

Ihre Frage ist nun, ob sie als professionelle Rednerin ein zweites Standbein aufbauen kann. Mit ihrer Mentorin beleuchtet sie diese Fragestellung ausführlich. Dabei kommt sehr klar heraus, dass sie die Option hat, weiter- zumachen, wie bisher oder sie reduziert ihre Aufgaben als Tierärztin und erweitert ihre Tätigkeit als professionelle Rednerin vor Fachpublikum, also vor Tierärzten, Veterinären, Züchtern und so weiter.

Mit der Mentorin schaut sie sich, zugegebenermaßen begeistert, die Vorteile beider Optionen an. Sehr schnell wird deutlich, wie sehr sie bereits in ihrer Idee der professionellen Rednerin verliebt ist: Den alten Job kennt sie und macht ihn mit Routine, die Praxis läuft, womit vor allen Dingen ihr Mann glücklich ist, doch neue Heraus- forderungen sind Mangelware. Sie beherrscht ihr Auf- gabengebiet und die Kunden sind zufrieden mit ihr.

Einen neuen Weg einzuschlagen, hätte Vorteile für sie: endlich kann sie wieder eine neue Herausforderung annehmen und etwas lernen. Sie spürt, dass sie hier einen Ruf oder einen Auftrag hat und dazu hat sie einfach Lust, diesen Weg zu gehen. Sie möchte dazu ihre Auf- tritte weiter professionalisieren, ihr Sprachentalent weiter nutzen und Menschen für sich und ihre Ideen begeistern.

Die Mentorin fragt sie ein wenig salopp, was sie denn daran hindere, ihren Plan einfach in die Tat umzu- setzen. In der systemischen Beratung, beziehungsweise im systemischen Coaching, spricht man die Klienten im Vorhinein auf Dinge an, die an der Umsetzung eines vordergründig optimalen Planes hinderlich sein könnten.

Zunächst argumentiert Corinna damit, dass ihr alter Job nichts Neues bringt, langweilig ist und keine Herausforderung für sie darstellt. Sie meint sogar, dass das auf Dauer sogar schlecht auf die Kunden abstrahlen könnte. Ihre Unterforderung und Langeweile könnten sich negativ auf ihre Tätigkeit, ihren Ruf als Tierärztin auswirken.

Der Hauptnachteil, sich jetzt tatsächlich noch mal neuen Projekten und Lerninhalten zu widmen, sei das Risiko, mit ihren Ideen zu scheitern. Dies ist ihr auch in vollem Umfang bewusst. Sie muss Zeit investieren und eine neue Infrastruktur bilden: sie muss lernen, wie man professionell spricht, eine neue Webseite erstellen. All diese Tätigkeiten würden Energie, Geld und Zeit kosten. Zeit, die sie mit ihrem Mann verbringen könnte.

Mit ihm habe sie schon über ihre ambitionierten Projekte gesprochen, und der sei gänzlich dagegen. Er habe sie außerdem darauf hingewiesen, dass dann viele ihrer Freundinnen neidisch auf sie sein könnten. Wie das denn aussehen könnte, wenn sie auf einmal wieder international Reise und Auftritte habe und vielleicht sogar in der Presse erscheine. Sie müsste sich darauf gefasst machen, Freunde zu verlieren.

Mit einem Mal wirkt Corinna deutlich verunsichert, nachdem sie zuvor von ihrer eigenen Idee noch so voller Begeisterung war. An diesem Punkt wird deutlich, dass sie die Interessen ihres Mannes über ihre eigenen stellt.

Die Situation von Corinna illustriert sehr gut, dass die Harmonie innerhalb der Peer Group oftmals wichtiger als das Durchsetzen der eigenen Entscheidung ist. Oftmals hat dieser Druck der eigenen Peer Group zur Folge, dass Entscheidungsprozesse im Sand verlaufen.

Alles, nur nicht rational!

Unzählige Forscher befassen sich seit Dekaden mit diesen Mustern und damit, auf welcher Basis wir Menschen Entscheidungen fällen. Einer der führenden Köpfe auf diesem

Gebiet ist der US- amerikanische Psychologe Daniel Kahnemann. Die Zeitung „Die Zeit" nennt ihn „den vielleicht bedeutendsten Psychologen unserer Tage". Zusammen mit seinem 1996 verstorbenen Kollegen Amos Tversky widerlegte er die irrige Annahme, dass in der Wirtschaft auf der Basis von Fakten entschieden werden würde. Kahnemann und Tversky prägten maßgeblich den Bereich der Verhaltensökonomik; sie untersuchten Anomalien bei Entscheidungen in den Bereichen Wirtschaft und Finanzen. In seinem überaus empfehlenswerten, umfangreichen Buch „Schnelles Denken, langsames Denken" zeigt Kahnemann, wie der Entscheidungsprozess vonstattengeht und auf welche nicht fakten- oder vernunftbasierten Entscheidungsmechanismen (Heuristiken) wir zurückgreifen.

Er unterscheidet, verkürzt dargestellt, zwei Entscheidungssysteme (Abb. 4.5).:

Entscheidungssysteme nach Kahnemann

System 1

System 2

- Intuitiv
- Schnell
- Emotional gesteuert
- Allerdings
  fehleranfällig

- Rational
- Langwierig
- Faktengetrieben
  allerdings umständlich
- Langwierig

Abb. 4.5 Zwei Entscheidungstypen nach Kahnemann

- System 1
  entscheidet intuitiv, schnell, unbewusst, von Emotionen
  gesteuert und ist überlebenswichtig. Leider ist System 1
  fehleranfällig.
- System 2
  bezeichnet das langwierige, rationale Überlegen unter
  Einbeziehen von Fakten, welches weniger Fehler macht,
  jedoch dadurch, dass es umständlich und anstrengend
  ist, weniger genutzt wird.

Wichtig ist es also anzuerkennen, dass es verschiedene
kognitive Stile gibt: Einerseits Menschen, die alles durchdenken müssen, auf alles eine Antwort haben wollen,
bevor sie sich entscheiden. Andererseits Menschen,
die zunächst einmal tun, was sich gut anfühlt. Die
einen risikoavers, die anderen ohne Scheu vor gewissen
Gefahren. Die einen mit dem Wunsch, das Maximale
aus der Entscheidung herauszuholen, die zuvor also
alle Optionen durchdenken; andere sind mit zwei, drei
Optionen zufrieden und handeln.

All diesen Typen bzw. Stilen begegnen wir überall, ja selbst im Mikrokosmos Wartezimmer beim Arzt,
konstatiert auch Dr. Cornelia Betsch. Sie ist Psycho-
login und forscht am Center of Empirical Research in
Economics and Behavioral Sciences an der Uni Erfurt.
Fraglich bleibt, ob uns diese Typisierungen weiterbringen
oder vielmehr, wie die Interaktion mit den verschiedenen
Typen aussehen kann? Wie unterschiedlich gehen
Menschen mit Gesundheitsinformationen um und treffen
daraufhin Entscheidungen, zum Beispiel, was die weitere
Lebensgestaltung im Krankheitsfall betrifft?[15]

Im Gegensatz zu Krankheiten stehen komplexe
Probleme ohne unmittelbaren Zeitdruck – also die weit-
aus meisten in Politik und Unternehmen. Wolfgang
Roth rät hier, den aufgeschobenen Entscheidungen

durch intuitiv vorliegende Erfahrungen zuvorzukommen und dadurch die Prokrastination zu vermeiden: Nicht das energieintensive Arbeitsgedächtnis des logischen Kombinierers sei hier gefragt, sondern das „emotionale Erfahrungsgedächtnis". Dieser unfassbar umfangreiche Speicher aus 500 Billionen Nervenverbindungen ist der mit den Erfahrungen des Lebens wachsende Schatz von Bewertungen, aus dem wir uns bei anstehenden Entscheidungen – meist unbewusst – intuitiv bedienen. Meist sind das nicht einmalige Erfahrungen, sondern solche, die wiederholt gemacht werden, um sich dadurch fest im emotionalen Erfahrungsgedächtnis zu verankern.[16]

> **Fazit**
>
> Entscheiden unter Druck sorgt dafür, dass diese tendenziell vollzogen werden, egal ob es um politische Sondersituationen geht oder um die Notaufnahme in einer Unfallklinik. Solche Situationen fordern das intuitive Entscheidungshandeln aus der Erfahrung. Die daraus resultierenden Entscheidungen sind zwar alles andere als perfekt, doch sie können im Nachgang zumindest korrigiert werden und tragen zum systemrelevanten Erhalt bei.

Perfektionismus

Was uns das nun folgende Beispiel zeigt, ist, dass Entscheidungen durchaus auch verlagert und auf der Basis persönlicher Erfahrungen bewertet werden können. So groß ist die Angst vor Verlust oder die Hoffnung auf eine immer noch bessere Alternative auch sein mag, den optimalen Zeitpunkt zu handeln oder die tatsächliche beste Alternative wird es nicht geben.

Das betont auch der bereits zitierte Tom Griffith in seinem TED-Vortrag „3 Wege zu einer besseren Entscheidung" in dem er anschaulich belegt, dass der optimale

Zeitpunkt zu handeln bei 37 % unserer Rechercheleistung liegt. Das bezieht sich auf die Wahl des Hauskaufs ebenso wie auf die Auswahl der nächsten Führungskraft oder des nächsten Jobs. Griffith betont, dass Menschen dazu neigen, bei Entscheidungen zu viel Wissen anzuhäufen, um danach, aufgrund der Fülle an Wissen nicht ins Handeln zu kommen. Darum empfiehlt er, sich einen limitierten Zeitrahmen zu setzen, innerhalb dessen zu recherchieren und dann zwingend eine Entscheidung zu treffen und zu dieser zu stehen, in vollem Bewusstsein, dass ein perfektes Ergebnis gar nicht möglich ist, so Griffith.[17]

Folgendes Beispiel vermag dies gut zu illustrieren:

Beispiel

Ein mittelständisches Unternehmen entschließt sich zu einer maßgeblichen Veränderung in der Organisation. Die Führungsebene soll um einen IT-Leiter erweitert werden. Zu diesem Zweck macht man sich Gedanken über das Anforderungsprofil. Zunächst fragt man sich, was die Herausforderungen in der Organisation innerhalb der nächsten Jahre sein sollen, kommt dann aber schnell auch auf aktuelle Defizite im Betrieb. Einer der Hauptgründe für die Erweiterung der Geschäftsführung war, dass die zukünftigen Herausforderungen der Digitalisierung und Automatisierung durch bestehende Mitarbeiter und Führungskräfte nicht mehr bewerkstelligt werden können.

Durch das Anforderungsprofil für die neu zu vergebende Position kommen viele aktuelle Missstände auf den Tisch: da wären zum Beispiel die nicht funktionierenden Einarbeitungsprogramme für neue Mitarbeiter, zudem sind diverse Programme auf den aktuellen Rechnern veraltet, die SAP-Implementierung ist nicht im Zeitplan und die Lieferfristen in der Montage werden nicht eingehalten.

Schnell stehen zwei Optionen zur Debatte: Soll nun tatsächlich eine neue Abteilung und damit auch ein neuer Abteilungsleiter rekrutiert werden, der das Unternehmen entscheidend verändern und die Organisation mit einschneidenden Veränderungsprozessen voranbringen

wird? Diese strategischen Überlegungen liegen natürlich in der Zukunft und verlangen eher nach strategischen
Überlegungen. Oder wäre es nicht doch besser, einen IT-
Administrator zu rekrutieren, der ja sowieso fehlt und
dessen Kompetenzen und Aufgaben bislang durch die
Technik mit abgedeckt worden sind. Eigentlich hapert es an
allen Ecken und Enden.

In der Diskussion darüber, ob die eher strategischen
oder unmittelbaren Probleme in der IT des Unternehmens
gelöst werden sollen, gerät die eigentliche Entscheidung
völlig aus dem Blick.

In Unternehmen sind diese Situationen oftmals anzutreffen: Da soll die Frauenquote eingeführt werden, und in
der Diskussion darüber wird mit einem Mal eine Talent-
diskussion aufgeworfen, was wiederum zu einer Hinterfragung des aktuellen Führungsleitbildes führt. Daraufhin
wird ein Zwei-Tages-Meeting mit der mittleren Führungsebene einberufen, um Werte und Leitbild nochmals zu
diskutieren, welches natürlich nicht stattfindet, weil man
mit einem Mal Feedback und Fehlerkultur als wichtiger
und dringender erachtet. So wird ein Themenfeld nach
dem anderen – nicht – abgearbeitet.

Die ursprüngliche Diskussion, nämlich die Frauenquote, ist nicht nur aus dem Blick geraten, sondern steht
gar nicht mehr auf der Agenda. So nützt es auch nichts,
dass die Frauenbeauftragte inmitten der inzwischen
hitzigen und wichtigen Debatte um Feedback und
Fehlerkultur, immer wieder an das ursprüngliche Thema
erinnert. Inzwischen hat sich das Interesse hin zu einem
anderen Themenkomplex verlagert.

Fazit

Schon der US-Amerikanische Geistliche Henry Ward
Beecher soll folgenden Satz geäußert haben: „Ich hasse
diese kalten, genauen, perfekten Leute, die, um nicht

falsch zu sprechen, überhaupt nicht sprechen, und um nichts falsch zu machen, nie etwas tun". Diese Strategie kann natürlich funktionieren, tut sie jedoch in den seltensten Fällen. Wo Leute dafür bezahlt werden – Führungskräfte – kommt dies sogar einer Arbeitsverweigerung gleich.

Meine Überzeugung zu diesem Thema: „Lieber ungefähr gute Entscheidungen treffen und nachkorrigieren als perfekt nicht entscheiden".

Nachtrag

Es kann durchaus von Vorteil sein, noch nicht getroffene Entscheidungen für sich zu behalten: Solange wir mit uns selbst nicht im Reinen sind, tendieren wir dazu, Entscheidungen anderen zu überlassen und sei es auch nur durch das Gespräch mit dem Partner, dem Kollegen, der besten Freundin. Wir fragen um Rat, bitten um deren Erfahrungsberichte und erkunden, was sie so an unserer Stelle entscheiden würden. Je mehr Menschen man nach ihrer Meinung fragt, desto mehr Meinungen wird man auch erhalten. Sie kennen vielleicht folgendes Sprichwort aus dem Alltag: „Fragen Sie 10 Menschen nach ihrer Meinung, dann werden sie mindestens 11 Antworten bekommen". Diese Meinungsvielfalt und zusätzlichen Optionen, an die man vorher vielleicht gar nicht gedacht hat, verwirren uns zusätzlich und schafft keine Klarheit.

So traf ich unlängst die globale Führungskraft eines Versicherungskonzerns. Die Dame hatte, bedingt durch die Pandemie, erst ein Projekt und schließlich ihren Job eingebüßt. Wir unterhielten uns über ihren Lebenslauf, der mehr einer bunten Kollektion großer Versicherungsnamen glich als einer Laufbahn. Ich fragte sie, was sie zu welchem Wechsel, welcher Entscheidung bewogen hätte. Sie antwortete, dass sie sich bei jedem Stellenwechsel an früheren Kollegen orientiert habe. Wann immer sie gehört hätte, dass jemand bei einem Arbeitgeber zufrieden sei oder von einer Gehaltsverbesserung profitiert habe, hätte sie sich dort beworben und sei genommen worden. Dauerhaft glücklich sei sie indes nirgends gewesen.

Wir können natürlich fragen, wie Menschen an unserer Stelle entscheiden würden, aber dies ist ein oftmals hinkender Vergleich, denn sie befinden sich nun mal nicht an unserer Stelle. Wir selbst müssen die Verantwortung für unsere Entscheidungen und für unser Handeln tragen. Es ist daher für unseren Entscheidungsprozess völlig irrelevant, wie andere entscheiden würden.

Entschlusskraft ergibt sich nicht aus der Meinung anderer, Entschlusskraft resultiert einzig und allein aus dem Abgleich von Kopf und Bauch.

Endnoten

1. Schwartz, B., Ebd.
2. Iyengar, S.: The art of choosing, London 2011.
3. https://www.viasto.com/blog/vorstellungsgespraeche-2018-studie-bewerbermarkt/
4. Schuldt, J. P., Muller, D. & Schwarz, N. (2012): The „Fair Trade" effect: Health Halos from social ethics claims. In: Social Psychological and Personality Science.
5. Eine deutsche Zusammenfassung der Ernst & Young Studie (2017) im Mittelstandsbarometer https://www.presseportal.de/pm/119840/3544573, die vollständige Studie auf englisch: https://www.ey.com/en_gl
6. ZEIT, Nr. 41, 2014, S. 23.
7. Plasser, W.: Souverän entscheiden – Die Studie: Entscheidungsverhalten von Top-Managern und Entscheidern in Hoch-Risikobereichen. Norderstedt 2003, S. 103 f.

8. James, W.: What is an emotion? In: Mind 9 (1884): S. 188–205.

9. Hertwig, R., https://www.haysworld.de/ausgaben/2018/01/ist-die-optimale-entscheidung-moeglich

10. Reiche, D., https://www.haysworld.de/ausgaben/2018/01/entscheidet-doch-selbst

11. Chang, ebd.

12. https://www.edukatico.org/de/report/hohe-abbruchraten-bei-moocs-ein-gutes-zeichen

13. Gigerenzer, G.: Fast and frugal heuristics: The tools of bounded rationality. In D. Koehler & N. Harvey (Eds.), Handbook of judgment and decision making. Oxford, UK: Blackwell.

14. Die 6 Grundbedürfnisse nach Tony Robbins sind: Sicherheit vs. Abwechslung, Verbindung vs. Bedeutsamkeit, Beitrag zur Gesellschaft vs. Persönliches Wachstum. In: Robbins, T.: Das Robbins Power Prinzip. Berlin 2004.

15. https://www.faz.net/aktuell/gesellschaft/gesundheit/wie-wir-medizinische-entscheidungen-treffen-15046296-p3.html in: FAZ Net 11.06.2017.

16. https://www.wiwo.de/erfolg/trends/hirnforscher-gerhard-roth-erst-schlafen-dann-entscheiden/9415864-3.html

17. https://www.ted.com/talks/tom_griffiths_3_ways_to_make_better_decisions_by_thinking_like_a_computer?utm_campaign=tedspread&utm_medium=referral&utm_source=tedcomshare

5

In der Praxis besser entscheiden

Inhaltsverzeichnis

Gerade unternehmerische Entscheidungen sind schwierig. Häufig geschehen Sie unter Zeitdruck und werden, trotz langfristiger Absicht (Nachhaltigkeit), anhand von kurzfristigen Zielen (Umsatz, Ertrag, Gewinn, persönlicher Karriere, Zufriedenheit) getroffen und oft auch gemessen. Diese Korrelation und Widersprüchlichkeit tut dem Ausgang der Entscheidungsfindung nicht immer gut.

© Der/die Autor(en), exklusiv lizenziert durch Springer-Verlag
GmbH, DE, ein Teil von Springer Nature 2021
J. Dahm, *Die Entscheidungs-Matrix,*
https://doi.org/10.1007/978-3-662-62375-6_5

Vielen Menschen fällt es schwer, eigene Ziele von unternehmerischen Zielen zu trennen, weil sie Rollen nicht trennen können: also haben sie als Führungsperson, als Geschäftsführer oder als Unternehmenslenker, Kraft Ihres Amtes, zwar die Aufgabe, für das Unternehmen die richtige Entscheidung zu treffen, doch ihre eigenen Interessen sind ebenfalls nicht vom Tisch zu wischen. Sie fungieren wie ein Filter, der die Bewertungen der Optionen und Konsequenzen beeinflusst. Eigene Absichten könnten das persönliche Vorankommen, das Erklimmen der Karriereleiter oder andere Vorteile sein. Man spricht auch von Rollen- Ambiguität/Rollenstress/Rollen-Overload.[1]

Das Ziel der Gleichstellung der Geschlechter ist ein gutes Beispiel hierfür. Die Frage ist doch nicht, ob es einen erfolgreichen Weg gibt, die Gleichberechtigung zwischen Frauen und Männern zu fördern, sondern eine klare Absicht, sprich Entscheidung dahinter. Denn: Erfolgreiche Wege sind in diesem Bereich bereits mehrfach beschritten worden. So hat etwa Iris Bohnet in ihrem Buch „What Works" anhand zahlreicher Studien gezeigt, dass die Einstellungsquote von Frauen unmittelbar steigt, sobald Lebensläufe entpersonalisiert werden, d. h. Bilder, Namen und Geschlecht entfernt werden und die Entscheider folglich eine Auswahl ausschließlich auf Basis des Kompetenzprofils treffen.[2]

Wenn Unternehmen dann aber einwenden „das geht bei uns nicht", „das tut doch nichts zur Sache", „wir können sehr wohl logische Entscheidungen anhand geschlechtsspezifischer Daten treffen", dann entkräften sie nicht nur die wissenschaftlichen Belege zu diesem Themenkomplex, sondern stellen implizit auch ihre sonstige Entscheidungsfähigkeit infrage, weil es an persönlicher Reflexion mangelt.

Wir treffen ausschließlich unbewusste, intuitive Entscheidungen, um sie danach logisch zu rechtfertigen. Dieser Prozess kann durch die Entscheidungs-Matrix eben deutlich und schnell optimiert werden.

5.1 Persönliche Entscheidungen treffen

Die eigene Persönlichkeit spielt in Entscheidungssituationen immer eine Rolle. Ist man risikoavers, wird man dementsprechend alles dafür tun, um dieses zu vermeiden. Ist man harmoniebedürftig, wird man keine Entscheidungen treffen, die dem Gegenüber schaden. Ist man optimistisch, wird man proaktiv und voller Vorfreude an verschiedene Projekte herangehen.

Die richtige Entscheidung ist also immer eng mit unserer Persönlichkeit, mit unseren Werten und Vorlieben verknüpft. Diese nicht zu berücksichtigen im Entscheidungsprozess, wird dazu führen, dass unsere Entscheidungen im Nachhinein infrage gestellt werden.

Ein Beispiel:

Beispiel

Jochen ist Führungskraft in der Produktion eines Kosmetikherstellers. Darüber hinaus ist er für die Entwicklung der Führungskräfte verantwortlich.

Mittelfristig wurde ihm die Nachfolge der Werksleitung in Aussicht gestellt. Noch ist diese in Händen des Firmeninhabers, zu dem Jochen einen guten Draht hat. Jochen weiß aber auch, dass sich der alte Herr bester Gesundheit erfreut und bei allen Mitarbeitern äußerst beliebt ist. Es wird also noch einige Zeit dauern, bis er in dessen Fußstapfen treten kann.

Andererseits hat Jochen auch keine Motivation, den Arbeitgeber jetzt zu wechseln, nachdem er bereits so viel in dessen Entwicklung investiert hat. Manchmal fühlt er sich als wäre er in einer Sackgasse angelangt.

Jetzt steht auch noch die neue Führungskräftetagung an. Der Wettbewerb ist härter geworden und, um dem Rechnung zu tragen, sollen die Führungskräfte mit einem externen Trainer in den wesentlichen Kompetenzen wettbewerbsfit gemacht werden.

Jochen soll den richtigen Trainer aussuchen und hat dafür einen Präsentationstermin angesetzt, für den er drei Trainer eingeladen und zusammen mit seinen Personalmanager an einem Katalog arbeitete, der die Auswahlkriterien festlegt.

Vom ersten Kandidaten verabschieden sie sich bereits während dessen Präsentation. Eine noch aus seiner früheren Tätigkeit gut bekannte Trainerin gefällt ihm besonders gut, doch die andere offeriert in ihrem Angebot etwas, womit er nicht gerechnet hätte: Eigentlich ist sie weniger erfahren und auch weniger qualifiziert als die Kandidatin seiner Wahl und dabei aber genauso teuer. Sie hat keine Erfahrung in der Branche, die Inhalte ihres Angebotes sind nahezu identisch mit dem seiner Wunschkandidatin – bis auf einen Faktor, der ihn aufhorchen lässt: Sie bietet an, ihn kostenfrei zu einem Zertifikatskurs einzuladen, bei dem er eine Moderatorenausbildung absolvieren kann. Dabei handelt es sich nicht nur um ein international renommiertes Institut, sondern die Ausbildung wird von spannenden Trainerpersönlichkeiten durchgeführt. Doch das absolute Highlight ist ein Auftritt im Fernsehen.

Jochen fühlt sich geschmeichelt. Er kennt das Institut und lange schon hat er mit verschiedenen Bausteinen seiner eigenen Weiterbildung jongliert, hat aber nie die Zeit gefunden, wirklich etwas für seine eigene Weiterentwicklung zu tun. Ist das jetzt nicht die richtige Gelegenheit?

Im Nachgang an die Präsentationen der beiden noch infrage kommenden Trainerinnen berät er sich mit seinem Team. Er macht deutlich, dass die letzte Kandidatin, mit dem verlockenden Zertifizierungsangebot, den Zuschlag bekommen soll. Sein Team zeigt sich verwundert: Sie erinnern Jochen an den Kriterienkatalog, den sie gemeinsam, auf seinen Rat hin, zusammengestellt haben. Sie sehen auch, dass eine Moderationsausbildung nicht nur für Jochen, sondern für einige Führungskräfte in der Organisation von

Vorteil wäre, doch sie beurteilen dies als eigenständigen Themenbereich. Sie sehen nicht den Zusammenhang zwischen der jetzt gefragten Kompetenzerweiterung und Jochens spontanem, persönlichem Richtungswechsel.

Nachdem sie eine Weile hin und her diskutiert haben, nimmt Jochens Assistentin ihn zur Seite. Sie macht ihm folgenden Vorschlag: „Weißt du Jochen, was wir an dir bislang immer sehr geschätzt haben, war die Tatsache, dass du die Unternehmensziele stets vor Augen hattest. Lass uns darum die Trainerin nehmen, die uns jetzt gemeinsam zum Erfolg führt und ich besorge dir bei der Moderatoren-Akademie einen Firmenzugang mit Option, dass wenn du zufrieden bist, wir zum vergünstigten Preis auch weitere Führungskräfte dort schulen werden. Was denkst du darüber?".

Jochen erkennt, dass er kurzfristig von seinem eigenen Ziel, nämlich in der Rolle des Werksleiters und Stellvertreters des Chefs, die Organisation voranzubringen, abgewichen ist.

Er stellte seine persönlichen Motive in den Vordergrund und wollte seine Entscheidungsrolle diesbezüglich ausnutzen. Er ist nun dankbar, dass seine Kollegin ihm diesen Vorschlag gemacht hat. Dieser Kompromiss ist für alle das Beste. Jochen ist wieder klar in seiner Rolle und entscheidungsfähig. Und hat einen Plan B.

Entscheidungen sind abhängig von den persönlichen Motiven. Diese sind nicht immer eindeutig und können durchaus im Konflikt miteinander stehen. Manche Menschen wollen zwar fit sein, zeigen aber keinen Einsatz dafür. Statt sich nach der Arbeit aufs Rad zu schwingen, werden Couch und Fernseher in Beschlag genommen. Andere Menschen wiederum möchten gerne reich oder zumindest wohlhabend sein, aber kein Risiko dabei eingehen. Wiederum andere möchten gerne Karriere machen, aber sind nicht bereit, mehr Aufwand dafür zu betreiben. Für eine Seite muss man sich entscheiden oder man lässt den Dingen seinen Lauf und hofft, dass sich der jeweils beste Weg von selbst ergibt. Eine Hoffnung, die nicht oft in Erfüllung gehen wird.

Je komplexer Entscheidungssituationen, desto eher greifen wir auf unser Erfahrungsgedächtnis zurück. Wenn ich mit einer Strategie in der Vergangenheit, vielleicht sogar schon mehrmals, erfolgreich war, dann werde ich mit ihr vermutlich auch in Zukunft erfolgreich sein. Eine andere Tendenz ist es, andere nach ihrer Meinung zu befragen, um diese dann als Basis unserer Entscheidung zu verwenden. Dies geht in den seltensten Fällen gut. Wobei es auch hier Ausnahmen gibt. Wenn beispielsweise Organisationen „blinde Flecken" aufweisen, kann es Sinn machen, einen professionellen, externen Blick zuzulassen. Auch für Privatpersonen kann es lohnenswert sein, Impulse von außen zu bekommen – z. B. in Form von Coaches, Psychotherapeuten, etc. – doch die Verantwortung fürs eigene Handeln muss jeder für sich selbst übernehmen.

Angst als Antreiber

Wir haben schon darüber gesprochen, dass Entscheidungen offensichtlich notwendigerweise Ängste auslösen sei es die Entscheidung etwas zu verpassen oder dass es noch eine bessere Option gäbe, auf die es sich zu warten lohne.

Finanzexperte und Autor Patrick McGinnis hat das Phänomen der Entscheidungsangst und der daraus resultierenden Prokrastination am Verhalten von Kapitalanlegern erforscht. In seiner Publikation „Fear of missing out" beschreibt er die gesellschaftliche, ja schon zwanghafte Sorge vor dem Verpassen von Möglichkeiten und Gelegenheiten einerseits (Fear of missing out – FOMO). Demgegenüber steht laut McGinnis der dauernde Drang, für sich die ausschließlich beste aller Möglichkeiten zu sichern, also die Sorge, nur die zweitbeste Wahl zu treffen (FOBO – Fear of better option). In keiner Situation wird die Kombination beider Ängste so deutlich wie in

Finanz-, Personalentscheidungen oder in der Partnerwahl. Beim – zunehmend KI-gestützten – Vergleichen
von Situation, Optionen und Personen verlieren wir
uns in Möglichkeiten und verlieren mehr und mehr an
Vertrauen.

An diesen Stellen wird sehr deutlich klar, dass trotz
des massiven Einsatzes von technischen Hilfsmitteln,
weder Personalentscheidungen noch Partnerwahl sich an
Algorithmen halten. Es bringt – noch – nichts, diese Entscheidungen an eine mathematische Formel outzusourcen.
Der Mensch ist nun mal nicht annähernd so logisch wie
ein Computer. Der österreichische Kybernetiker und
Physiker Heinz von Foerster nennt in diesem Zusammenhang den Menschen nicht trivial, im Gegensatz dazu den
Computer eine triviale Maschine. Der Output bei einer
nicht trivialen Maschine ist entkoppelt von dessen Input.
Beim Computer beispielsweise gibt es keine Entkoppelung
zwischen Input und Output. Noch nicht, muss man an
dieser Stelle festhalten, denn die Künstliche Intelligenz
wird dieses Theorem auf die Prüfung stellen.

Der amerikanisch-israelische Psychologe Dan Ariely
hat in seinem Comic „amazing decisions" (Abb. 5.1) auf

Abb. 5.1 Comic Ariely

humorvolle, aber zugleich treffende Weise gezeigt, dass wir Menschen gerade aus Angst vor (z. B. finanziellen oder persönlichen) Verlusten zuweilen recht willkürliche Entscheidungen treffen und vor allem keinerlei Entscheidungsstrategie mehr erarbeiten oder befolgen können. Gleiches ist dann zu beobachten, wenn es sich um langfristige Entscheidungen und Ziele handelt: wir sind wir machtlos, sobald wir angstgesteuert sind. Insbesondere bei der Auswahl von Mitarbeitern oder Partnern legen wir hohe Maßstäbe an, möchten möglichst lange zusammen mit ihnen erfolgreich sein.

Gleichermaßen geht es auch Menschen, die in ihrem aktuellen Arbeitsverhältnis unglücklich sind, jedoch das Maß der Unzufriedenheit noch nicht soweit gediehen ist, dass sie einen Wechsel des Arbeitgebers initiieren.

Laut Gallup Studie, also der jährlichen Messung von Mitarbeiterengagement und Mitarbeiterzufriedenheit betrifft dies die beträchtliche Zahl von 80 % aller Arbeitnehmer. Obschon die Studie jährlich wiederholt wird, unterscheiden sich die Ergebnisse nicht maßgeblich, worin meines Erachtens, auch der Grund liegt, weshalb sie in ihrer Relevanz mehr und mehr vernachlässigt wird. Man spricht in diesem Zusammenhang vom Phänomen der erwarteten Tragik: je eher ein schlimmes Resultat erwartet wird, desto weniger attraktiv ist auch dessen Berichterstattung. Der sogenannte „Wow-Effekt" bleibt aus. Es gibt keine Sensationsnews und deshalb wird nicht oder kaum mehr darüber berichtet. Auch beim Publikum stellt sich eine gewisse Trägheit ein. Solche Zahlen werden mit bloßem Achselzucken quittiert und sorgen nicht einmal mehr für Gesprächsstoff.

Sie kennen dieses Phänomen auch als Medienkonsument: So ist uns die Zahl der häuslichen Gewaltverbrechen, die inflationäre Zunahme vom Tod durch Gefäßerkrankungen oder Krebs zwar bekannt, doch reagieren wir darauf nicht mehr bestürzt. Eher glauben wir, durch einen Flugzeugabsturz oder eine Massenkarambolage auf der Autobahn zu sterben, was schlicht und einfach daran liegt, dass die Medien solche zwar seltenen, aber sehr viel reißerischen und darum medienwirksameren Ereignisse, dementsprechend ausschlachten.

Dan Gilbert hat das in seinen Studien nachgewiesen. Demnach sind wir von der stetig wachsenden Demotivation von Mitarbeitern gleich wenig geschockt wie durch die zunehmende Führungsunfähigkeit deutscher Führungskräfte.

Dazu ein Beispiel:

Beispiel

Steffi arbeitet in einem Telekommunikationsunternehmen als HR-Businesspartner. Schon seit Jahren spielt sie mit dem Gedanken, den Arbeitgeber zu wechseln. Zu schlecht ist die Stimmung in der Firma und die Unzufriedenheit, nicht nur in der Abteilung, sondern in der gesamten Belegschaft.

Gerade ihrer Position im Unternehmen geschuldet bekommt sie das Stimmungsbild direkt und ungefiltert jeden Tag aufs Neue mit. Mehr und mehr reagiert Steffi auch psychosomatisch auf das schlechte Stimmungsbild im Unternehmen. Ihre Gesundheit ist schlicht angekratzt.

Die alles entscheidende Frage ist, ob sie gehen oder bleiben soll.

Rein emotional tendiert sie zum sofortigen Verlassen der Firma. Jedoch gibt es da Einiges zu beachten, was gegen diese Entscheidung spricht: Als sie abends, zusammen mit ihrem Freund ein ums andere Mal über diese Frage diskutiert, kommen auch immer wieder die gleichen Argumente auf den Tisch. Natürlich wäre es schön, weniger Stress und weniger Ärger zu haben. Die Chancen auf dem Arbeitsmarkt stehen gut und sie ist guter Dinge, dass sich für sie schnell eine neue berufliche Chance eröffnet. Vor allem dann, wenn der Druck nachgelassen und sie gesundheitlich wieder richtig fit ist.

Allerdings führt ihr Freund an, habe der jetzige Job auch Vorteile: ein vergleichsweises hohes Einkommen, beispielsweise. Steffi bezeichnet dieses oftmals abfällig als Schmerzensgeld, doch es ist sehr viel Schmerzensgeld.

Ihr Freund meint es gut und gibt ihr den Rat, sich einmal krank schreiben zu lassen und sich auszukurieren. Aber Steffi weiß, dass es auch auf mittlere bis lange Sicht nicht wirklich besser wird. Darum schaut sie sich auch die Schattenseiten an.

Ohne Jobalternativen den jetzigen Posten aufzugeben, würde bedeuten, das Risiko der Jobsuche einzugehen und schlimmstenfalls für ein paar Monate Geldsorgen durchzustehen. Doch wäre es nicht viel risikoreicher zu bleiben? Wie oft hat sie schon schlaflose Nächte durchgemacht, weil sie wusste, dass sie sich tagsüber anschreien lassen muss? Auch ihre körperlichen Beschwerden wie Kopf- oder Rückenschmerzen nehmen in letzter Zeit konstant zu. Es ist schon so schlimm, dass sie einen Arzt wegen medikamentöser Behandlung konsultieren muss. Das Wochenende ist auch viel zu kurz, denn am Sonntag kreisen die Gedanken schon wieder um den Montag.

Wenn sie mit Freundinnen spricht und deren Berichte von Aufstiegsmöglichkeiten am Arbeitsplatz, mit mehr Verantwortung und zu deutlich besseren Konditionen hört, so merkt sie, dass es sich bei ihrem Arbeitgeber einfach um ein völlig menschenunwürdiges Verhalten handelt. In der Diskussion mit ihrem Freund sagt sie schließlich voller Überzeugung: „Unabhängig von den Vorteilen muss ich die Nachteile abwägen und trotz der Geldsorgen sind die Nachteile, die ich in Kauf nehmen muss, wenn ich bleibe, einfach zu groß. Ich werde schon einen Job finden!". Also ist es beschlossene Sache: sie wird die Kündigung einreichen.

Steffi hat nichts anderes getan als die Entscheidungs-Matrix zur Anwendung gebracht und sich von den vermeintlichen Vorteilen nicht blenden lassen. Sie sieht sehr wohl, dass ihr Freund robuster ist und über so manches hinwegsehen kann, was für sie eine Belastung darstellt. Vielleicht hat sie sich auch deswegen sogar viel zu lange beim alten Arbeitgeber aufgehalten. Hier spielt wieder die Persönlichkeitskonstitution eine wichtige Rolle. Für ihren Freund wäre es vermutlich ein Leichtes, noch etliche weitere Jahre unter diesen Bedingungen bei dieser Firma beschäftigt zu sein. Nur für Steffi ist dies eben, wegen ihrer Persönlichkeitsausrichtung, nicht möglich. Genau deshalb bringt es in den seltensten Fällen etwas, andere Menschen, die eine völlig andere Persönlichkeit haben oder andere Wertesystem aufweisen, zu befragen. Ihre Ansichten stiften meist nur noch mehr Verwirrung.

Viele Menschen verharren in einer Position oder einem Arbeitsverhältnis, sicherlich mangels Alternativen, aber auch deshalb, weil sie sich nicht trauen, zu ihrer eigenen Meinung zu stehen. Oder vielleicht sogar aus Angst vor Verlust. Der Verlust muss sich dabei gar nicht zwingend auf die Option selbst beziehen, sondern kann auch anders gelagert sein. Man hat beispielsweise Angst, einen geliebten Menschen zu verärgern, wenn man anders entscheidet, als er es vermutlich tun würde oder es ist die Angst vor Kritik aus dem nahestehenden Umfeld.

Dies bestätigt Sheena Iyengars These, wenn sie von kollektiven Entscheidungen spricht. Wir entscheiden oftmals nicht als Individuen und nur äußerst selten als Individuen gegen das Kollektiv, vor allen Dingen dann nicht, wenn wir den Verlust der Peer Group fürchten. Dazu zählen natürlich auch familiäre Bindungen, Partnerschaften und Beziehungen.

Der Mensch ist keine triviale Maschine. Am besten wird dies deutlich, wenn wir uns die Art seiner Entscheidungsfindung vor Augen führen. Es ist ein äußerst komplexer Prozess, der von Mensch zu Mensch unterschiedlich ausgeführt wird. Jedem Menschen sind unterschiedliche Dinge wichtig und deshalb ist hier pure Logik fehl am Platz. Dies ist auch der Grund dafür, weshalb es uns als Menschheit noch nicht gelungen ist, Entscheidungen zu algorithmisieren.

Oft ist es die pure Angst vor Verlust, die unseren Entscheidungsprozess beeinflusst. Doch schon der berühmte französische Philosoph Jean Paul Sartre wusste: „Ein großer Teil der Sorgen besteht aus unbegründeter Furcht".

Eine Entscheidungsstrategie, die die menschliche Emotionalität nicht mitberücksichtigt, kann auf Dauer keine guten Ergebnisse liefern.

5.2   Mittel- und langfristige Entscheidungen treffen

Wie steht es denn aber um die Trainierfähigkeit unseres Entscheidungsstils?

Insbesondere dann, wenn es um Entscheidungen geht, deren Erfolg sich erst in Zukunft abzeichnet. Bei großen, substanziellen Entscheidungen, etwa bei der Besetzung einer signifikanten Position, der Wahl des Partners oder der eigenen Berufswahl? Genau an solchen Punkten in unserem Leben neigen wir zu absoluten Gedankenexperimenten: Welche ist die für alle Ewigkeit richtige Wahl? Spätestens diese Frage bringt uns an die Grenzen unserer Wahlfreiheit. Wir fühlen uns maximal eingeschränkt, ob der nicht mehr zu überblickenden Tragweite unserer Entscheidung.

Dan Gilbert hat sich insbesondere mit dem Problem der Entscheidungen über große Zeiträume beschäftigt. Dabei hat er festgestellt, dass Menschen ungeduldig sind. Sie wollen hier und jetzt, „sooner better than later" das bestmögliche Resultat ihrer Entscheidungen sehen. Zugleich machen Sie sich Illusionen über die zeitlichen Perspektiven ihrer Entscheidungen, vor allen Dingen dann, wenn es sich um komplexe Probleme handelt. Sie fragen sich stets, ob sie besser warten oder sich mit weniger zufrieden geben sollten.[3] Worauf ist das zurück zu führen?

Bei der Kalkulation verschiedener Handlungsoptionen lassen sich zwar deren Vor- und Nachteile auch noch mittelbar in der Zukunft beleuchten, unsere emotionale Reaktion auf diese ist aber zunächst schwer zugänglich.

Wenn wir jetzt noch Entscheidungen, deren Resultate einen größeren Zeitrahmen überspannen, betrachten, werden unsere emotional zu prognostizierenden Reaktionen immer ungreifbarer.

Visualisierung als Strategie gegen das Zukunfts-Entscheidungs-Dilemma

Offensichtlich ist die Herausforderung zu entscheiden grösser, wenn das Resultat oder das Ziel in der entfernteren Zukunft liegt. Kann das Ziel der Wahl beeinflusst werden und wenn ja, wie? Wie kann Zukunft denn überhaupt beeinflusst werden?

Sich auf langfristige Ziele zu fokussieren, scheint mindestens so anstrengend wie die Entscheidung selbst. Letztere fordert die Kompetenz der Differenzierung, die Fokussierung auf Ziele Durchhaltevermögen und Disziplin. Beides in Kombination ist nicht jedermanns Sache, doch die großen Lebenskapitel konfrontieren uns und fordern einiges an Instrumenten, Methoden und Vision.

Die Vision scheint ausschlaggebend, gerade wenn es um langfristige Ziele geht, denn bei kurzfristig schlagenden Entscheidungen greifen bereits die gängigen Methoden, wie der Abgleich von Vor- und Nachteilen oder die Spiegelung der Handlungsalternativen mit dem eigenen Wertesystem. Immer unter der Voraussetzung, wir wollen eine Entscheidung treffen.

Was hilft nun, wenn es um Entscheidungen mit langfristiger Wirksamkeit oder Wirkung in der Zukunft geht? Das probate Mittel ist deduktiv-veranschaulichend und kombiniert zwei Methoden: Ob es nun um die Berufswahl oder die Firmenfusion, die Finanzinvestition oder die Familienplanung geht: eine Perspektivenverschiebung auf die möglichst plastisch ausgemalten Folgen der Wahl hilft, den Blick auf die Zukunft zu klären:

Tipp

Stellen Sie sich beim Visualisieren von Zukunftsszenarien zunächst einfache Fragen:

- **Wie wird es sein?**
- **Wie wird es sich anfühlen?**
- **Wie sieht es dann aus?**
- **Wie werde ich dann sein?**

Je plastischer die Vorstellung, desto näher rücken selbst weit entfernte Ziele in die Gegenwart und desto einfacher fällt die Identifikation, die dann die Frage bzw. Auflösung des Entscheidungsdilemmas erlaubt: „Will ich das? Ja oder nein?"

Eine systematische Perspektivenverschiebung bei langfristigen Entscheidungen betreibt die amerikanische Autorin und Wirtschaftsjournalistin Suzy Welch, Ehefrau von Jack Welch, dem General Electric Manager und Wirtschaftsmogul. In ihrem Buch „10-10-10"[4] schlägt Welch einen dreistufigen Entscheidungsansatz vor, der an drei Zeithorizonte geknüpft ist. So fragt sie: „Wie geht es mir in zehn Minuten mit meiner Entscheidung? Wie geht es mir in zehn Monaten mit meiner Entscheidung? Wie geht es mir in zehn Jahren mit meiner Entscheidung?".

Auch Welch betont, dass jede Entscheidung ein Kompromiss ist, da es zu möglichen Planänderungen kommen kann. Der zeitliche Perspektivwechsel bietet die Möglichkeit der Prioritätensetzung und Klarheit, Wichtiges von Unwichtigem zu unterscheiden. So eingängig und auch simpel das Konzept klingt, die Umsetzung in der Praxis ist herausfordernd, gerade weil das bildliche Vorstellungsvermögen für Zukunftsszenarien fehlt und erst trainiert werden muss. Es lohnt sich jedoch definitiv, hier Zeit und Energie zu investieren.

Beispiel

Vor einigen Jahren begleitete ich die Reorganisation bei einem internationalen Konzern. Eine Produktlinie war eingestellt worden und die dort beschäftigten Mitarbeiter wurden darüber mit folgendem Angebot informiert: entweder würden sie ihren Arbeitsplatz mit sofortiger Wirkung verlieren und eine Abfindung bekommen oder aber sie würden weiterhin beschäftigt werden, allerdings unter der Bedingung, dass sich ihr Arbeitsplatz, die Inhalte, Methoden und auch der Ort verändern könnten. Würden sie letzteres Angebot wählen, würde eine Erstattung, beziehungsweise ein Ausgleich für die entstehenden Nachteile, zum Beispiel der Umzug, gezahlt werden.

Für beide Gruppen würde ein Berater zur Verfügung stehen, um Entscheidungshilfe zu geben und weitere Maßnahmen in die Wege zu leiten.

Einer Studie des BDU zur Hilfe bei der beruflichen Veränderung von 2017 zufolge verlangen annähernd 90 % der Arbeitnehmer eine Unterstützung beim sogenannten Outplacement, also der Kündigung und der darauffolgenden Neuorientierung, sofern sie durch den Arbeitgeber initiiert worden ist.[5]

Hauptaugenmerk der Beratung des Outplacement-Spezialisten liegt dabei weniger auf der Unterstützung des eigentlichen Bewerbungsprozesses, sondern viel mehr

auf der Navigation bei nun eintretenden Entscheidungsprozessen.

Bei meinem Projekt ist anzumerken, dass alle Mitarbeiter die Veränderungen im Konzern bereits voraus-
gesehen und sich auf persönliche Konsequenzen bereits
mental vorbereitet hatten. Im Gegensatz zu anderen
Massenkündigungen blieb darum in diesem Verfahren
eine Schockphase aus. Die langjährig beschäftigten Mitarbeiter sahen die unmittelbaren Vorteile einer Frei-
stellung: nicht mehr im Schichtbetrieb arbeiten zu
müssen, sich um das Eigenheim, die Familie und Kinder
kümmern zu können, stellten für alle große Vorteile dar.
Viele trugen auch noch finanzielle Belastungen, sodass die
Abfindung gelegen kam. Einige träumten auch von der
immer wieder aufgeschobenen Fernreise.

Jüngere Beschäftigte, die als Berufsanfänger im Konzern
angefangen hatten, fühlten sich eher konfrontiert: sie
waren skeptisch, nach der Ausbildung wieder etwas Neues
zu lernen und dementsprechend unsicher. Die Option des
Arbeitsplatzverlustes, die vorübergehende Arbeitslosigkeit und die bürokratischen Auflagen der Bundesagentur
lösten Frustration, in manchen Fällen sogar Aggression
aus. Bei letzter Gruppe schien auch die Abfindung kein
wirklicher Anreiz zu sein. Als sich die Berater finanzielle
Bestände und Bilanzen anschauten, war schnell klar, dass
niemand in einem unmittelbaren finanziellen Engpass
steckte. Dennoch kamen bei beiden Gruppen Zukunfts-
ängste und Zweifel bezüglich der eigenen Existenz auf.
Was tun, wenn das Haus zu renovieren ist? Womit soll
man sich den lieben langen Tag beschäftigen? Vielleicht
doch sofort wieder bewerben? Aber welcher Arbeitgeber
wird denn so gut bezahlen wie der jetzige? Oder dann
doch umschulen lassen und bleiben?

Je länger die Mitarbeiter diskutierten, desto unattraktiver erschien auf einmal der noch vor kurzem so lukrative Austritt aus der Firma, samt der noblen Abfindung.

Zuletzt wurden tatsächlich nur noch die die Nachteile verglichen und die Mitarbeiter stellten fest, dass eine Weiterbeschäftigung bei Umschulung und mehr Aufwand durch Weiterbildung etc. nicht vor der nächsten Kündigungswelle schützen würde. 98 % der Kandidaten entschieden sich für einen sofortigen Ausstieg und damit für die Abfindung.

Ein Jahr später hatten 50 % von ihnen einen neuen Job oder zumindest eine geringfügige Beschäftigung, wobei alle sehr zufrieden mit ihrer Entscheidung waren.

Strategie gegen das Entscheidungsdilemma: Begrenzung der Optionen

Nicht nur der Erhalt der Beschäftigung erfordert Augenmerk, sondern die Berufswahl bereitet Kopfzerbrechen. Vor allem dann, wenn Menschen im Berufsleben bereits länger tätig sind und sich die Motive und Antreiber gegenüber Jobeinsteigern verschieben.

Der globalen Datenbank Statista zufolge sind die Motive, die Arbeitnehmer zu einem Jobwechsel beziehungsweise Arbeitgeberwechsel bewegen, sich massiv von Menschen unterscheiden, die gerade erst in das Berufsleben einsteigen. Statista unterscheidet dies nach Generationen, beziehungsweise Alterskategorien 25 + und 45 +. Die Erwerbstätigen der ersten Kategorie haben, laut Umfragen, eine deutlich größere Affinität zu persönlicher Entwicklung, Aufstiegsmöglichkeiten und Innovationen und sind auch bereit, dafür zu lernen und mehr Aufwand zu leisten, im Gegensatz zur allgemein gültigen Annahme, muss dies nicht zwingend mit Karrierestreben oder einem Leistungsdenken einhergehen.

Die Analysen von Statista haben auch ergeben, dass die Erwerbstätigen, die 45 und älter sind und damit auf eine längere Berufsbiografie zurückblicken, deutlich risikoaverser sind. Sie möchten eher Wissen weitergeben. Keinerlei Anreiz bieten für sie Entwicklungsmöglichkeiten, persönlicher Aufstieg, Reisen oder berufsbedingte Umzüge. Sie verhandeln eher ein hohes Fixum und geringere variable Anteile beim Gehalt. Letzteres ist darauf zurückzuführen, dass die Verpflichtungen älterer Mitarbeiter, hinsichtlich Privatausgaben und Verbindlichkeiten, groß sind.

Wer länger nachdenkt, trifft nicht zwingend die besseren Entscheidungen, wie wir bereits gesehen haben. Ebenso wenig bedeutet eine falsche Wahl nicht zwingend, dass die gefühlte Situation gleich aussichtslos ist.

Betrachtet man die Wahlmöglichkeiten an Hochschulen, so zählt die Hochschulrektorenkonferenz inzwischen 16.634 Studiengänge. Das ist eine Zahl, über die sich kein Student im Vorfeld seines Studiums wirklich informieren kann, um eine valide Wahl zu treffen. Zumal es mit der Wahl des Studienfaches allein nicht getan ist. Hinzu kommen die Art des Studiums, also national oder international, Universität oder Fachhochschule, sowie der Ort, die Wohnsituation, die finanzielle Unterstützung, die Frage nach Auslandssemestern und Praktika und vieles weitere mehr hinzu. Dabei sprechen wir noch gar nicht von den Ereignissen während des Studiums, wenn Freundschaften und Partnerschaften geschlossen werden und wieder auseinandergehen, verhaute Klausuren, die erst verkraftet werden wollen. Spätestens vor dem Examen stellt sich mindestens einmal die Sinnfrage. Inzwischen haben sich vielerlei Studienratgeber und Literaturverfasser mit der Vielzahl an Entscheidungsmöglichkeiten und dem daraus resultierenden Druck auf Studierende beschäftigt, und deren Rat lässt sich grob auf einen Fünfklang subsumieren:

Tipp

Den eigenen Kurs für mittel- und langfristige Entscheidungen finden

1. Erkenne das Problem!
2. Mach dich von falschen Vorstellungen und deren Vertretern frei!
3. Vermeide Denkfehler wie zum Beispiel absolutes Denken!
4. Liebe deine Entscheidungen oder stehe zumindest hinter ihnen, wenn du sie getroffen hast![6]
5. Bedenke: keine Entscheidung ist irreversibel

Diesen Lebensregeln möchte ich das Wort reden, sie jedoch um etwas ergänzen, was bereits der Philosoph Lucius Annaeus Seneca anmahnte: „Wer den Hafen nicht kennt, in denen er Segeln will, für den ist kein Wind ein günstiger." Auch hier ist die Zielsetzung entscheidend. Erst, wer sein Ziel kennt, kann den Weg dorthin „freischaufeln" und stets überprüfen, ob die Richtung noch stimmt. Etwaige Korrekturen lassen sich so leichter vornehmen. Entscheidend ist der ständige Abgleich mit den eigenen Zielen. Sich ein oder mehrere Ziele zu setzen, erfordert natürlich auch immer eine Entscheidung. Ziele geben Antworten auf Fragen wie:

Tipp

Zuerst die eigene Zielsetzung für mittel- und langfristige Entscheidungen treffen

- Was will ich wie erreichen?
- Wie möchte ich mich fühlen?
- Was möchte ich verändern?
- Welches Leben möchte ich führen?
- Wie kann ich meine Werte nach außen tragen?
- Welche Art Mensch möchte ich sein?

Beispiel

Lenny steht vor dem Abitur. Er schreibt gute Noten und neben dem Sport genießt er die Freizeit mit seinen Schulkameraden. Seine Eltern reden ihm gut zu, die Orientierungsveranstaltung an der Universität zu besuchen und sich ein Studienfach, möglichst BWL oder Informatik, auszusuchen. Lenny allerdings ist davon gar nicht begeistert, denn er möchte bei der Polizei eine Ausbildung machen. Ob er dann danach ein Studium anschließen und in den höheren Dienst gehen wird, möchte er sich offenhalten.

Seine Eltern können das nicht verstehen. Beide haben nicht studiert und wollen für ihren Sohn jetzt eine bessere Ausbildung, als sie sie selbst genossen haben. Die Diskussionen darüber sind schon so manches Mal im Streit ausgeartet. Nun starten die Eltern einen letzten Versuch: als ein Geschäftspartner des Vaters bei ihnen zu Hause zum Abendessen eingeladen ist, ist auch Lenny anwesend. Beiläufig lenken die Eltern das Gespräch auf den Ausbildungsplan ihres Sohnes. Lenny verdreht die Augen, aber der Geschäftspartner zeigt sich sehr interessiert. Er selbst hat einen Sohn, nicht viel älter als Lenny, und dieser hat bereits nach dem ersten Studienjahr das Studium abgebrochen. Jetzt weiß die Familie nicht recht, wie es mit der Ausbildung des Sohnes weitergeht.

Mit dieser Information nimmt das Gespräch eine unerwartete Wendung: Lenny berichtet von der Polizei und was er sich von der Ausbildung dort und der Zukunft bei der Polizei verspricht. In leuchtenden Farben malt er mögliche Einsätze, skizziert das Kameradschaftsgefühl innerhalb der Truppe und arbeitet die Übereinstimmung der polizeilichen Tätigkeit mit seinem eigenen Wertesystem heraus.

Der Geschäftspartner von Lennys Vater staunt nicht schlecht, von seinem eigenen Sohn hat er noch nie so viel Begeisterung für ein Themengebiet vernommen. Ob das der Grund war, warum das Studium so schnell abgebrochen wurde? Er fragt Lenny nach seiner Meinung. Lenny sagt, dass er sich eine Ausbildung, die nur aus dem Aufenthalt am Schreibtisch und in Bibliotheken bestehe und komplett theoretisch sei, nicht vorstellen könne. Man leiste seines Erachtens gar keinen Beitrag. Für ihn ist es wichtig, Gelerntes gleich anzuwenden, was aber auch der Gesellschaft zugutekommt. Lenny möchte mit Menschen zusammenarbeiten, die diese Überzeugung teilen, denn im Ernstfall könne man nun mal nicht lange herumdiskutieren.

Der Vater und sein Geschäftspartner schauen sich bedeutsam an, denn an der ein oder anderen Stelle fühlen Sie sich doch ein wenig ertappt. Wenden Sie immer all das an, was sie gelernt haben? Ziehen Sie immer alle an einem Strang und kommt immer alles der Gesellschaft zugute, was sie da tun? Wohl kaum.

Während die beiden noch nachdenken, spricht Lenny weiter, dass er sich aber Gedanken gemacht habe, weshalb seine Eltern ihn so dringend zu einem Studium bewegen wollten. Darum werde er bei den Ausbildungstagen der Polizei auch nach Studienmöglichkeiten fragen, denn so viel er verstanden habe, stehen ihm dort sowieso alle Möglichkeiten offen.

Das Beispiel von Lenny zeigt sehr schön, wie wichtig es für den Entscheidungsprozess ist, das eigene Wertesystem miteinzubeziehen. Je besser dies gelingt, desto überzeugter ist man von der getroffenen Entscheidung und desto leichter lässt es sich mit eventuellen Konsequenzen, die sich auf dem Weg ergeben, umgehen. Seine Eltern wiederum hatten vollkommen andere Motive, weshalb sie auch zu einer anderen Entscheidung gekommen sind als Lenny. Auch hier wird wieder klar, weshalb es wenig Sinn macht, sich an anderen zu orientieren beim Treffen von Entscheidungen. Schon gar nicht, wenn es um solch eine existenzielle Form der Entscheidung geht.

Strategie gegen das Entscheidungs-Dilemma: Best/ Worst-Szenario

Der US-Amerikanische Journalist und Autor George Will hat auf den Punkt gebracht, weshalb es auch einmal nützlich sein kann, Pessimismus an den Tag zu legen:

„Ein Pessimist zu sein hat den Vorteil, dass man entweder ständig recht behält oder angenehme Über-
raschungen erlebt.". Auch in der Entscheidungsfindung
ist es äußerst ratsam, sich auf die negativen Konsequenzen
einer Entscheidung zu konzentrieren, um eine gute Basis
für die eigene Entscheidung zu erschaffen.

Beispiel

Jeanette hat eine Führungsposition bei einem
französischen Unternehmen. Ihr wird jedoch nahegelegt,
dass es aufgrund von betriebsbedingten Veränderungen
gut sei, dass auch sie sich, in absehbarer Zeit, nach einer
Stelle außerhalb der Firma umsehe.

Die alleinerziehende Mutter zweier Kinder im Grund-
schulalter hat gerade eine Scheidung hinter sich und ist
in die Eigentumswohnung in der Düsseldorfer Innen-
stadt umgezogen. Eigentlich hatte sie sich selbst auf
unbestimmte Zeit beim jetzigen Arbeitgeber gesehen und
auf zukünftige Zeiten und Annehmlichkeiten gefreut.
Nun sind die Karten neu gemischt, sie muss sich völlig neu
orientieren. Dabei schätzt sie die Chancen realistisch ein,
dass der Arbeitsmarkt für eine alleinerziehende Mutter
Anfang 50 mit zwei Kindern nicht unbedingt so einfach zu
erschließen sei. Sie überlegt grundlegend: soll sie sich hier
in der Stadt bei einem vergleichbaren Konzern oder im
Umfeld bei einem führenden Mittelständler bewerben.

Eine weitere Alternative wäre es, nach Frankreich
zurück zu kehren, wie sie schon häufiger mit ihren Eltern
diskutiert hat. Natürlich wird in Deutschland besser
bezahlt. Darüber hinaus hat sie hier ihr Netzwerk, ihre
Freunde und ihre Kinder haben sich in den Schulen gut
etabliert. Sie selbst hat sich allerdings in Deutschland
und, speziell in Düsseldorf, nie wohl gefühlt. Die Sprache
ist nicht ihre und so ab und an lässt man sie auch spüren,
dass sie Ausländerin ist. Die Nähe zu ihrem Exmann ist auch
nicht gerade angenehm, und der Schulwechsel der Kinder
aufs Gymnasium steht an.

In Frankreich hingegen, hat sie, außer zu ihren Eltern
und nächsten Verwandten, keine engen Kontakte mehr,

sie müsste ein Netzwerk und einen Freundeskreis erst aufbauen. Schön wäre es allerdings schon, ihre Familie wieder
um sich zu haben, sich zu Hause zu fühlen und außerdem
spürt sie, dass sich in ihrem Arbeitsbereich gerade unglaublich viel tut.

Jeanette ist nicht gerade eine Frau, die sich von Leidenschaften lenken lässt. Deswegen schaut sie weniger auf
die unmittelbaren Vorteile als vielmehr darauf, welche
Nachteile gravierender sind. Hier wird klar, dass sie wahrscheinlich ihre Unzufriedenheit und ihr Unwohlsein sogar
mit in die Ehe getragen hat und viel zu lange still blieb.
Dies möchte sie nun ändern und nochmal neu anfangen.
Der Verkauf der Eigentumswohnung wird ihr genügend
finanzielle Mittel bringen, um gerade die schwierige
Anfangszeit in Frankreich zu meistern. Sie beschließt, erst
mit ihren Eltern, dann mit ihren Kindern zu sprechen.
Bereits da macht sich in ihr Vorfreude auf ein neues Leben
breit!

Das Betrachten der möglichen Nachteile verschiedener
Entscheidungsoptionen ist ein mächtiger Verbündeter, um
auf die richtige Fährte gelockt zu werden. Wenn Jeanette
sich für Deutschland entschieden hätte, wäre der Leidens-
druck doch nicht so groß gewesen, wie angenommen
und sie hätte vermutlich die schönen Seiten wieder wahrnehmen können. Wenn sie für die Entscheidung allerdings
nur die positiven Seiten zu Rate gezogen hätte, wäre der
Konflikt einfach in die Zukunft verschoben worden.
Irgendwann wären die Nachteile wieder schlagend
geworden und die ursprüngliche Entscheidung wieder
hinterfragt. So jedoch hat sie einen sauberen Schnitt voll-
zogen, der für das Bereuen der Entscheidung nur wenig
Platz lässt.

5.3   Entscheidungen zur Zielerreichung

Die bereits angesprochene Angst, dass uns etwas entgehen könnte, wird besonders dann deutlich, wenn Menschen definieren sollen, was sie tun und was sie nicht tun. Eine 2019 erschienene Studie Unternehmensberatung Bain & Company hat ergeben, dass tatsächlich nur eines von zehn Unternehmen in Deutschland definieren kann, was sein klar umgrenztes Geschäftsgebiet eigentlich ist, für wen es arbeitet und welches seine gewinnbringende Zielgruppe ist. Im Umkehrschluss bedeutet das, dass tatsächlich neun von zehn Unternehmen eher einem Bauchladen gleichen.[7]

Besonders deutlich wird das in den freien Berufen, bei Dienstleistern und auch in Familienbetrieben, deren Geschäftstätigkeit vielleicht bereits seit Jahrzehnten in Familienhand, tradiert und historisch gewachsen ist.

Ursprünglich gab es einmal eine sehr stark am Kundenengpass orientierte Lösung oder ein dementsprechendes Produkt bzw. eine Dienstleistung. Mit der Zeit und der Überzeugung, jedem Kunden entgegenkommen zu müssen, wurden dann sukzessive mehr Einzellösungen dazu addiert. Die Folge: eine unübersichtliche Anzahl an Ladenhütern.

Die engpasskonzentrierte Strategie von Wolfgang Mewes, aus der später das Malik-Institut in St. Gallen erwuchs, beschäftigt sich mit eben diesem Phänomen: die Managementtheorie von Malik, beziehungsweise Mewes, rät dazu, sich auf eigene Kernkompetenzen zu besinnen, sie auf die Bedürfnisse der zahlungskräftigsten Zielgruppe auszurichten und dann kontinuierlich auf deren heutigen und zukünftig auftauchenden Probleme zu fokussieren. Viele Unternehmungen, wie zum Beispiel die Würth Gruppe, sind so zu florierenden Firmen herangewachsen.

Natürlich verlangt das Folgen der Managementlehre, gemäß dem Engpass, eine klare Fokussierung, was bei vielen Unternehmen die bereits angesprochenen Ängste auslöst. Sie stellen sich dann Fragen, wie: „Was, wenn ich falsch liege? Was, wenn sich der Markt anders entwickelt? Was, wenn mir dieses Geschäftsfeld zu langweilig wird? Was, wenn?". Im Hintergrund herrscht somit immer die Angst, etwas loslassen zu müssen und damit einen schwerwiegenden Fehler zu begehen. Dies kann, im schlimmsten Fall, zu einer selbsterfüllenden Prophezeiung führen. Die Angst, falsch zu liegen, sorgt für zögerliches, halbherziges und nicht konsequentes Handeln, was die Ergebnisse wiederum negativ beeinflusst. Beim ersten Gegenwind werden die Stimmen dann lauter, die von Anfang an gewusst haben, dass es keine gute Idee war, so zu entscheiden.

Ein lustiges Beispiel aus meinem beruflichen Alltag:

Beispiel

Einer meiner Berater unterstützt Menschen bei der Berufsorientierung. Dazu gibt es verschiedene Diagnostika, die durchgeführt werden, um Möglichkeiten näher in Betracht zu ziehen und gemäß Typen und Neigungen intensiver zu diskutieren.

Eines Tages kam eine Frau mittleren Alters in die Beratung. Sie hatte eine langjährige Karriere in der Gastronomie hinter sich und war nun überzeugt, dass ihre Talente auf ganz anderen Gebieten lägen, sie quasi ihr Leben vergeudet habe. Darum suchte sie nun Unterstützung in der Laufbahnplanung. Die Diagnostik ergab allerdings, dass sie als starke Kommunikatorin und Präsentatorin für alle Arten des Gastgewerbes sowie der Hotellerie hervorragend geeignet sei. Allenfalls eine kleine (bislang unentdeckte) Neigung für Garten, die Aufzucht von Pflanzen etc. ergab das Testresultat. Die Klientin war hocherfreut, ignorierte die ohnehin bestätigte gastronomische Stärke komplett und wollte fortan in einer Gärtnerei Fuß fassen. Ein Plan, der nie gelingen sollte.

Das eigene Gehirn liebt es, Recht zu behalten. Wenn Sie der Meinung sind, dass sich für das breite Portfolio Ihres Betriebes schon irgendwann ein Kunde findet, werden Sie alles daransetzen, dass Sie damit auch recht behalten. Wenn Sie allerdings überzeugt davon sind, dass Sie mit der Fokussierung auf das gewinnbringendste Kerngeschäft eine gute Entscheidung getroffen haben, dann werden Sie damit ebenso erfolgreich sein.

Tatsächlich mangelt es ja weniger an Wegen, sondern oftmals mehr am überzeugten Handeln. Hier bevorzuge ich tatsächlich eher den treffenderen englischen Ausdruck „commitment" als Basis für entschiedenes Handeln.

Strategie gegen das Entscheidungsdilemma: Perspektiven erweitern

Wir haben bereits diskutiert, wann und in welchem Maße es im eigenen Entscheidungsfindungsprozess es Sinn macht, Erfahrungen von außen hinzuzuholen. Auch habe ich Beispiele angeführt, die entgegen der vielerlei vertretenen Meinung aufzeigen, dass vor allem in der frühen Entscheidungsfindung Impulse von außen durchaus behindern können. Ausnahme können allerdings substanzielle Entscheidungen sein, zugunsten derer ein neutraler Erfahrungsträger herangezogen werden kann. Gerade in den Situationen, in denen die Fragen der Entscheidungs-Matrix schwer zu vereinfachen sind und die eigene Existenz betreffen, ist ein unbeteiligter Blick von außen gut, den Familienmitglieder und Freunde nicht leisten können. Ein guter Coach ermöglicht seinem Gegenüber, mit verschiedenen Fragetechniken, selbst auf den Lösungsweg zu gelangen. Eine Beeinflussung zugunsten einer Richtung, kann von vorneherein ausgeschlossen werden.

Ein Beispiel:

Beispiel

Paula hat Psychologie studiert und, bis zu ihrer Babypause, als Personalberaterin gearbeitet. Als ihr Mann versetzt wird, zieht sie gemeinsam mit ihm in eine andere Stadt, was auch bedeutet, dass sie ihren Job aufgibt. Sie ist nicht unglücklich darüber, denn ohnehin fühlt sie sich bei der Vereinbarkeit von Familie und Angestelltenverhältnis sehr fremdbestimmt.

Sie beschließt, sich als Beraterin selbstständig zu machen. Die Frage ist jetzt, wer ihre zukünftige Zielgruppe sein soll. Als sie sich auf dem Markt umschaut, sieht sie, dass es bereits viele freie Berater in den unterschiedlichsten Bereichen gibt. Sie selbst verfügt, durch ihr Studium und ihre Berufserfahrung, über eine Reihe von Kompetenzen und alle raten zu einer gewissen Spezialisierung. Die Frage ist jetzt, worauf sie sich spezialisieren soll.

Aus diesem Grunde besucht sie eine Fachmesse für Berufsstarter und bucht daraufhin bei einem renommierten Anbieter einen Kurs für angehende Berater und Coaches. Dort werden die Zahlen und Marktvolumen von Berateraufträgen und Tagessätzen präsentiert, die allein in die Beratungen von Führungskräften fließen.

Sofort steht für Paula fest, dass auch sie zukünftig Führungskräfte beraten möchte, hier scheinen nicht nur hohe Tagessätze, sondern auch nachhaltige Erfolge möglich. Sie folgt den Anleitungen des Programms und erstellt eine Website, erarbeitet Inhalte und baut eine Strategie auf, wie sie als Coach sichtbarer wird.

Als nach einigen Wochen noch immer keine Buchungen ihres Angebotes erfolgen, wird sie nachdenklich und tauscht sich mit einem Berater aus, den sie aus ihrem früheren Angestelltenverhältnis kennt.

Dieser fragt sie, warum genau sie für Führungskräfte arbeiten möchte und weshalb es für die Zielgruppe gewinnbringend sein soll, mit ihr zu arbeiten. Paula hat keine konkrete Antwort darauf – zumindest weiß sie, dass sie diese Zielgruppe für zahlungskräftig hält. Sie gibt aber auch zu, dass sie noch nie mit Führungskräften oder selbst als Führungskraft gearbeitet hat.

Der Berater nickt und fragt weiter, was denn Führungskräfte konkret bei ihr buchen könnten und ob sie sich schon einmal in die Lage von ihnen versetzt hat. Was sind deren „Kittelbrennfaktoren"? Wo drückt ihnen der Schuh?

Paula kommt daraufhin ins Grübeln. Sie merkt, dass sie wirklich nie darüber nachgedacht hat, was sie konkret für die Zielgruppe zu bieten hat. Mehr und mehr leuchtet ihr ein, dass sie vermutlich tatsächlich nicht die beste Ansprechperson für Führungsfragen ist.

Aber wie soll sie dann Geld verdienen? Langsam bekommt sie es mit der Angst zu tun. Der Berater versucht sie zu beruhigen. Schließlich gibt es noch viele andere Menschen, mit großen Problemen, selbst wenn diese keine Führungsfunktion innehaben.

Paula solle zum Beispiel mal an ihre eigene Situation denken. Sie weiß nicht genau, worauf er hinauswill, doch er hilft ihr auf die Sprünge. Gemeinsam mit ihr erstellt er einen Kundenavatar. Dieser Begriff bezeichnet nichts anderes als den idealen Kunden, dem man gerne eine Dienstleistung oder ein Produkt verkaufen möchte. Es ist die Personalisierung der Zielgruppe, sozusagen. Im Grunde muss Paula nur ein Abbild ihrer selbst erstellen, um zu erkennen, dass berufstätige Mütter oder Mütter, die sich selbstständig machen wollen, unglaublich viel Beratung brauchen. Und, wie sie selbst, sind diese Frauen auch bereit, für diese Beratung finanzielle Mittel zu investieren, sofern diese auch wirklich gut angelegt sind und ihnen zu einer besseren Zukunft verhelfen. Das bedeutet, die wenige Zeit, die ihnen neben dem Baby bleibt, muss sinnvoll eingesetzt werden.

Paula sieht sofort ein, dass sie sich mit dieser Zielgruppe leicht identifizieren kann, deren Probleme kennt und diese auch leicht kontaktieren kann. Zudem muss sie sich eingestehen, dass junge Mütter, wie sie selbst, oftmals ohne fremde Hilfe nicht in eine Existenzgründung, in ein „Leben danach" hineinfinden. Der von ihr besuchte Kurs war schließlich voll von werdenden oder von mehrfachen Müttern.

Allerdings: so ganz kann sie sich von der Idee für Führungskräfte zu arbeiten, nicht verabschieden. Haben diese nicht einfach mehr Geld und die gesellschaftlich angeseheneren Probleme?

Vielleicht haben Mütter auch zu wenig Zeit für Beratung, sie selbst hat ja auch nur wenige Stunden am Tag für sich selbst.

Nach einer Weile meint sie, dass sie ja auch beides machen könne, nämlich Führungskräfte und Mütter zu beraten. Dann müssen sie sich nicht entscheiden, denn schließlich bräuchten ja alle Hilfe und die Themen der beiden Zielgruppen überschneiden sich ohnedies. Es gehe ja eigentlich um Selbstführung und um den Umgang mit Zeit, um Prioritätensetzung und um die Wertschätzung der wirklich wichtigen Dinge im Leben.

Paulas Berater erkennt, dass Paula sich nicht wirklich entscheiden möchte, weil sie fürchtet, bei der Fokussierung auf die Zielgruppe, die sie kennt, nicht nur an Geld, sondern auch an Möglichkeiten und allem voran an Image zu verlieren. Er weiß auch, dass dahinter nicht nur finanzielle Ängste stecken, sondern mangelnde Wertschätzung den eigenen Problemen und der eigenen Person gegenüber. All das resultiert aus einem Mangel an Selbstwert.

Er macht ihr den Vorschlag, sich in der neuen Umgebung mit Müttern zu treffen und eine Art Ministudie zu starten. Dort könnte sie erheben, welche Beratung Mütter wirklich benötigen und was sie bereit sind, dafür zu bezahlen.

Paula lässt sich darauf ein und führt die Ministudie durch. Danach hat sich das Blatt komplett gewendet: Paula weiß jetzt, dass andere Mütter nicht nur dankbar für und sehr wertschätzend gegenüber Beratung wären, sondern sie ihnen in vielen Fällen Einiges voraus hat: Ihr Wissen aus dem Kurs, die Organisation des Umzuges, die Vereinbarkeit von Familie und Beruf, die bereits gesetzten Prioritäten zu einer möglichen Selbstständigkeit. Von ihrem Wissen und ihren bereits gemachten Erfahrungen würden viele Mütter profitieren und dementsprechend dafür bezahlen. Dazu könne sie verschiedene Formate, wie wöchentliche Treffen, Seminare, Workshops oder Online-Kurse entwickeln. Paula fühlt sich bestärkt und wertgeschätzt.

Hier die Lösung: da eine unmittelbare Entscheidung nicht möglich war, schlug ihr Berater vor, noch einmal eine Kundenstudie anzustellen, um danach eine Entscheidung zu treffen. Danach fiel die Entscheidung mit einem Mal leichter, da Paula selbst Erfahrungen machen konnte und sich nicht mehr unter Druck gesetzt fühlte, auf der anderen Seite zu ihrer, ursprünglich falschen Annahme, aber auch stehen konnte.

Strategie gegen das Entscheidungs-Dilemma: Kundenorientierung

Tatsächlich ist es nicht nur für Einzelpersonen, sondern auch für Organisationen kein leichtes, die Frage nach einer breiten oder spitzen Positionierung zu beantworten. Insbesondere während der Markteintrittsphase ist dies aber eine entscheidende Weichenstellung, noch dazu, wenn es sich um den privaten Bildungs- und Dienstleistungssektor handelt. Zunehmend stehen auch Universitäten und Hochschulen unter dem Druck, den Gesetzen der Marktwirtschaft standhalten zu müssen: Die Dichte der Bildungslandschaft hat zugenommen, was Ökonomen kritisch sehen, zuvorderst weil „sich die Hochschulen in ein marktliches Verhältnis zueinander begeben (…) Damit würde die Funktionslogik der Wirtschaft (Gewinnstreben, marktförmiger Wettbewerb) mit der Funktionslogik der Wissenschaft (Erkenntnis- und Problemlösungssuche, reputationsgebundener Wettbewerb) zusammengeführt."[8] Der neue Leistungszwang setzt die Hochschulen unter einen Druck, auf den sie weder als Trägerinstitution noch als Personen vorbereitet sind. Das schadet den Institutionen, wie folgendes Beispiel veranschaulicht:

Beispiel

Auf dem Land hat sich, auf Initiative der Bürger hin, eine inzwischen staatlich anerkannte, ihrem Selbstverständnis nach in der ökonomisch-philosophisch geprägten Ausbildung der Studierenden besonders zukunftsorientierte Hochschule, angesiedelt. Dadurch strebt die Hochschule einerseits ein innovatives, andererseits von anderen Ausbildungsinstituten abgegrenztes Alleinstellungsmerkmal an. Dieses gilt es nun zu kommunizieren, was der Hochschulleitung bereits im Ansatz widerstrebt. Zwar verschließt man sich nicht gänzlich den breitenwirksamen und öffentlich zugänglichen sozialen Medien, andererseits sieht man den eigenen elitären Anspruch nicht wirklich in ausreichendem Maße repräsentiert. Eine Konferenz, unter Hinzuziehung ausgewählter Sponsoren der Hochschule, wird einberufen. Die anwesenden Hochschulvertreter, ein Medien- und Marketingspezialist, sowie die Geldgeber haben recht ähnliche Interessen: schnellstmöglich sollen genügend Studierende gefunden werden, um die Studiengänge zu füllen. Die Hochschule muss sich am Ende des Tages natürlich auch monetär rechnen. Dazu benötigt man jedoch Reichweite, um möglichst viele Menschen auf das Angebot aufmerksam zu machen.

Andererseits macht die Dekanin deutlich, dass die hohen bildungselitären Ansprüche der Hochschule breitenwirksame Medienaktivitäten von vornherein ausschließen. Hier prallen Welten aufeinander, denn dadurch wird eine entsprechende Medienkampagne von vornherein verunmöglicht.

Die Diskussion der Anwesenden verläuft stockend. Der Medienspezialist übernimmt die Moderatorenfunktion, um den Diskurs aufrecht zu erhalten und macht noch einmal die die Situation klar: würde man die Hochschule breitenwirksam bewerben, sprich über Webseite und soziale Medien agieren, wäre die Chance hoch, viele Studierende zu erreichen. Eine Zielgruppenbefragung habe ja sogar ergeben, dass die Hochschule, im Gegensatz zu anderen Ausbildungsinstituten, absolut unterrepräsentiert sei und die Studierenden dadurch nicht genügend Orientierung bei der Auswahl hätten. Es sei also eine Bringschuld der Hochschule, sich gegenüber der Zielgruppe besser zu präsentieren.

Der anwesende Beirat entgegnet, dass ein solches Verfahren nicht nur hohe Kosten, sondern auch Streuverluste mit sich bringen, und eben wegen der spezifischen Ausgestaltung der Medien hinter dem Anspruch der Hochschule zurückbleibe.

Immer mehr verfestigt sich der Gedanke, dass es besser sei, sich als Hochschule finden zu lassen. Darüber hinaus sei es doch ein Vorteil, sich elitär zu positionieren. Dazu reiche es, in ausgewählten Printmedien oder in speziellen akademischen Zirkeln aufzutreten. Dies würde die Hochschule von Anfang an von der Konkurrenz der Massenuniversitäten unterscheiden. Eine Diskussion bringt jedoch auch das Argument auf, dass ein solches Vorgehen schwierig zu positiven Ergebnissen in der gewünschten Größenordnung führen könnte. Schließlich stünde die Hochschule auch unter einem gewissen finanziellen Druck.

Die Zielgruppe seien nun mal Studierende, die online nach Lösungen für ihre Probleme suchen.

Man einigt sich schließlich darauf, eine gut strukturierte Webseite programmieren zu lassen und diese mit ausgewählten Foren, wie zum Beispiel Twitter, zu verknüpfen. Nach wie vor wolle man sich aber eher über studentische Projekte, sowie Publikationen der Professoren profilieren. Und diese breitenwirksam in den Medien und über Kritiken publizieren. Eine solche Nischenpositionierung führt nachhaltig zur Ansprache der richtigen Studierenden. Zusätzlich etabliert man ein Sponsorenprogramm über die Wirtschaftsförderer, um nicht zu stark vom Bild der öffentlichen Medien abhängig zu sein (Plan B). Die Gelder nutzt man für eigene breitenwirksame Veröffentlichungen und ein hauseigenes Magazin, das die eigene Positionierung zusätzlich untermauern soll.

Als Unternehmen, welches diese Hochschule schlussendlich auch ist, muss man sich an der Zielgruppe orientieren. Wenn das Selbstbild nicht zur Zielgruppe passt, dann wird sehr schnell das unternehmerische Projekt als Ganzes infrage gestellt.

In einer Zeit, wo es den allermeisten Unternehmen und Unternehmern nur um Reichweite geht, ist der Ansatz der Hochschule durchaus charmant. Allerdings bedarf es der Achtsamkeit, nicht in eine Richtung abzudriften, die vom eigentlichen Ziel wegführt. Sich von anderen Hochschulen wegzupositionieren ist eine gute Idee, allerdings sollte man sich nicht vom eigenen Kunden entfernen.

Der Kompromiss, den die Hochschule und ihre Steakholder hier erzielt haben, berücksichtigt alle Interessen in ausreichendem Ausmaß.

Strategie gegen das Entscheidungs-Dilemma: Den Engpass verstehen

Gerade am Fachkräftemangel und an der Rekrutierungsstrategie einzelner Unternehmen ist ersichtlich, wie entscheidungsfreudig oder eben auch entscheidungsmüde die Geschäftsführung eines Unternehmens ist.

Das folgende Beispiel dürfte gerade den Unternehmern unter den Lesern in der ein oder anderen Form bekannt sein:

Beispiel

Ein innovatives Autohaus einer ländlichen Region sucht Mitarbeiter und entscheidet sich, erstmals Unterstützung und Beratung im Rekrutierungsprozess in Anspruch zu nehmen. Schließlich ist ihnen klar, dass sie nicht die einzigen sind, die qualifiziertes Personal suchen. Darüber hinaus ist der Wettbewerb aggressiver geworden.

Die Frage, die sich relativ schnell im Beratungsprozess stellt, ist folgende: soll man auf eine individuelle und damit auch kostspieligere Rekrutierungsstrategie zurückgreifen oder würde es in Zukunft auch die traditionelle Jobausschreibung tun, die zugegebenermaßen in der Vergangenheit nicht mehr allzu viel Erfolg gebracht hat? Doch vielleicht kann man die Jobausschreibung so verbessern, dass die Ergebnisse wieder passen. Damit würde sich viel Geld einsparen lassen und vielleicht sogar Zeit gewinnen.

Mit dem hinzugezogenen Berater hat man hinsichtlich der Rekrutierungsstrategie einige neue Kanäle und zugehörige werbeträchtiger Botschaften erarbeitet, die auf die Kandidatenprofile abgestimmt wurden. Früher hat man stattdessen einfach ein Jobprofil in der Zeitung, später auf einer lokalen Jobbörse veröffentlicht, in der Hoffnung, dass sich ein Kandidat melden wird.

Da auf dem Land auch vieles über Mund zu Mundpropaganda funktioniert, hat man auch diesen Kanal nicht ganz ausgeschlossen. Der Geschäftsführer und sein Sohn, der sich in Zukunft verstärkt um Personalangelegenheiten kümmern soll, gestehen jedoch ein, dass die eingetretenen Pfade tatsächlich nicht mehr sehr viel hergeben. Überdies scheinen die in der Vergangenheit ausgewählten Kandidaten nicht die Richtigen gewesen zu sein: Auszubildende haben in der Ausbildung abgebrochen und eingeladene Kandidaten sind zum Auswahlgespräch gar nicht erst erschienen. So ganz kann man sich das zwar nicht erklären, denn man ist von dem eigenen Luxusautohaus und seiner Strahlkraft sehr überzeugt.

Auf der anderen Seite beruhigt man sich inzwischen damit, dass es dem Wettbewerb in den eben angeführten Punkten auch nicht besser geht.

Als der Berater seine doch sehr überzeugende Präsentation und die Erfolgsaussichten, anhand anderer Branchen und vergleichbarer Kunden, vorstellt, tendieren Vater und Sohn spontan zur individuellen, doch auch kostspieligeren Rekrutierungsvariante. Die Vorteile liegen auf der Hand: die Abgrenzung vom Wettbewerb, die man sich mit der Markenmacht aufbauen würde, dass die Strategie eben zum Luxus des Autohauses passen würde und dass man Kandidaten eben auch vorselektieren könnte.

Man bespricht die Strategie und auch die Kosten im Anschluss mit dem am Unternehmen beteiligten Bruder des Geschäftsführers. Dieser ist spontan gegen diese Idee. Er argumentiert mit den Kosten, mit dem allgemein bekannten Fachkräftemangel und der entsprechend mangelhaften Bewerberqualität, die sich auch durch die beste Strategie der Welt nicht ändern würde. Schließlich führt er an, dass eine solche Sonderausgabe dem Ruf des Autohauses schaden könnte: was sollen denn die Leute sagen, wenn man von gewohnten Strategien abweicht?!

Man gerät in Streit. Natürlich gilt es, Kosten zu sparen und eben, weil man in der Vergangenheit so kaufmännisch gehandelt habe, würde das Autohaus heute so gut dastehen und habe sich immer unabhängig vom Autobauer halten können. Zudem argumentiert der mehrheitliche Geschäftsführer: „Wenn wir weiter bei einer traditionellen Rekrutierungsstrategie bleiben, können wir es auch gleich ganz bleiben lassen. Nur weil alle anderen es genauso machen, heißt das nicht, dass es gut ist. Und schließlich sind wir kein traditionelles Autohaus, was bedeutet, traditionelle Strategien passen nicht zu uns. Vielmehr müssen wir uns anders vermarkten, weil wir anders sind."

Im Gegensatz zu dem Beispiel mit den Gesellschaftern der Immobilienfirma, differenzieren die Geschäftsführer des Autohauses. Sie kommen zu einer differenzierten Betrachtung, weil sie ihre intuitive Haltung, besser gesagt die intuitive Entscheidungsfindung, im Vorfeld durch ein Abwägen der Nachteile stärken. Die Entscheidungsmatrix und die einfache, präzise Darstellung des Problemsachverhaltes hat hier dazu verholfen, Kandidatenansprache und Rekrutierungswege zu definieren und die Entscheidung trotz möglicher Nachteile (im wesentlichen Kosten und der Überwindung von Ängsten) zu treffen.

In der zugegebenermaßen hitzigen Diskussion hat man mit einem Mal nicht mehr so sehr auf die Vorteile der innovativen versus traditionellen Rekrutierungsstrategie geschaut. Vielmehr blickte man nur noch auf die Nachteile der einen oder anderen Alternative. Allen Parteien war klar, dass auch in Zukunft weiter rekrutiert werden müsse. Dies steht außer Frage.

Gewählt wurde das kleinere Übel. Niemand versuchte den anderen, mit optimistischen oder in der Zukunft liegenden Argumenten zu überzeugen. Die wahre Überzeugungskraft hatte vielmehr die Alternative mit dem geringeren Nachteil. Die Formel dafür lautet

Nachteile Alternative A > Nachteile Alternative B

So einigte man sich im Falle des Autohauses auf die individuelle Kandidatenansprache und einen Versuchspiloten. Unter der Voraussetzung, dass dieser Versuchspilot scheitert, man zur traditionellen Rekrutierungsstrategie zurückkehren würde.

Das Interessante hierbei ist, dass mit der Entscheidung bereits durch die Entscheider ein Plan B eingeräumt wurde. Dies ermöglicht auf der einen Seite, einer Entscheidung mit Konsequenz und Überzeugung zu folgen, jedoch nur bis zu einem gewissen Punkt. Sobald dieser erreicht wird, kann eine Korrektur erfolgen.

Im Falle der Geschäftsführer des Autohauses einigt man sich auf eine gestundete Entscheidung, auf eine Art Probelauf mit Plan B, der aber erst dann verfolgt wird, der aber erst dann verfolgt wird, wenn Plan A scheitert. So kann entweder jemand beschuldigt werden für eine schlechtere Wahl, noch muss die Entscheidung dauernd auf oder verschoben werden, aufgrund der Illusion, dass es sicherlich noch eine bessere Lösung gibt.

Wenn man mit einem Plan B in der Hinterhand arbeitet, ist es enorm wichtig, die Kriterien klar zu machen, ab welchem Punkt man Plan A aufgibt und auf den Ersatzplan umschwenkt. Bei diesem Beispiel könnten die Geschäftsführer festlegen, dass, wenn es innerhalb der nächsten 12 Monate nicht zu einer Steigerung von 25 % an qualitativen Bewerbungen kommt, Plan A ausgedient hat.

Geschieht dies nicht, so ist man wieder rein vom eigenen Gefühl abhängig, ob man sich noch auf dem richtigen Weg befindet oder eben nicht mehr. Solche Kriterien bieten Klarheit und Orientierung für alle beteiligten Parteien.

Wider die Selbstüberschätzung

Paulas Beispiel, wie auch das der Betreiber des Autohauses, belegen ein weitverbreitetes Phänomen: Die meisten Entscheider, bis hinauf in die Chefetagen von Großunternehmen überschätzen sich und ihre Expertise.[9]

Der Sozialwissenschaftler Philip Fernbach (FU Hagen) fand heraus, dass gerade die Vermessenheitsverzerrung, also die Entfernung von der Realität durch eigene Hybris, bei denjenigen am meisten verbreitet ist, die von ihrer Meinung oder Methode am meisten überzeugt sind. Die Illusion, sich sogar ohne fundiertes Wissen, profund über alle und gerade komplexe Themen äußern zu können nimmt zu, je vehementer die Meinung vertreten wird. Die Entscheidungsmatrix kann helfen, Intuition und Meinung zu hinterfragen und dadurch Meinungsäußerungen zu planen.

5.4 Finanzielle Entscheidungen

„Muss man gut mit Zahlen sein, um Finanzent-
scheidungen treffen zu können?" fragt Natascha Wegelin
alias Miss Moneypenny. 75 % der 30–35-jährigen
deutschen Frauen lassen ihren Mann die Finanzen regeln.
Bei knapp 40 % Scheidungen pro Jahr, allein im Jahr
2019, ist dies ganz bestimmt eine schlechte Entscheidung,
zumal Frauen nach der Scheidung nicht nur für sich,
sondern im Regelfall auch für die Kinder aus gemeinsamer
Ehe verantwortlich sind. Frauen verdienen, abhängig von
der Berufssparte, nur bis zu 60 % des Bruttolohnes des
Mannes, bei vergleichbarer Qualifikation. Oft werde ich
wegen meiner Führungserfahrung im Konzern und der
frühen Selbständigkeit auch zu meiner Ansicht bzgl. der
Frauenquote, Frauen in Führungspositionen sowie zur
Gleichberechtigung gefragt. Das sind Felder, in denen ich
mich ja stark engagiere, zuvorderst bin ich der Meinung,
dass seitens der Frauen auch die Entscheidung fallen muss,
sich für alle Elemente von Führung einzubringen. Das
beinhaltet neben der Interaktion mit Menschen eben auch
Zahlen, die Bestimmung des eigenen Verdienstes. Gern
führe ich dann folgende Anekdote an:

Vor nicht allzu langer Zeit habe ich vor den Unter-
nehmerfrauen von Industrie und Handwerk des
Landes Rheinland-Pfalz einen Vortrag gehalten. Es
war ein erfolgreicher Abend, doch als ich erfuhr, dass
die Damen mehrheitlich im eigenen Unternehmen für
450 € angestellt waren, war ich geschockt – denn sie
waren nicht nur für Marketing, Vertrieb, Personal- und
Kundenkommunikation zuständig – oft waren sie als
Eigentümerin im Handelsregister eingetragen. Die Verantwortung, die eine Vielzahl der Damen innehatten,
spiegelten sich überhaupt nicht in ihrem Salär. Als ich

sie fragte, welchen Gegenwert sie denn für ihre Aufgaben im Unternehmen für angemessen hielten, konnten sie mir keine Antwort geben. Sie hatten sich einverstanden erklärt, für 450 € an der Seite ihres Mannes einen Betrieb zu leiten. Danach hatten sie sich mit der Frage eines fairen Gehaltes nicht mehr beschäftigt.

Es steht außer Frage, dass Finanzen eine wichtige Rolle in unserem Leben spielen. Das zur Verfügung stehende Geld hat große Auswirkungen darauf, wie wir unser Leben verbringen und wie wir es im Detail gestalten.

Wer die finanzielle Gestaltung zu 100 % an eine andere Person überträgt, gibt damit große Lebensentscheidungen aus der Hand. Ein selbstbestimmtes Leben besteht nun einmal auch aus der Gestaltung der eigenen Finanzen. In einer Partnerschaft soll nicht nur eine Person, egal ob Mann oder Frau, für die Finanzen zuständig sein. Verantwortlich in einer Lebensgemeinschaft sind immer beide Parteien.

Outsourcing

Manchmal ist der genannte Preis nicht der am Ende zu bezahlende. Sie kennen vielleicht das Sprichwort: „Es ist nicht alles Gold, was glänzt".

In finanziellen Belangen geschieht es sehr oft, dass wir uns täuschen lassen. Was zuerst als Schnäppchen erscheint, entpuppt sich bei genauerem Hinsehen unter Umständen als Kostenfalle.

Folgendes Beispiel illustriert das Phänomen, welches Sie höchstwahrscheinlich selbst schon erleben durften.

> **Beispiel**
>
> Die Gehaltsabrechnung eines Unternehmens soll in Zukunft durch einen externen Dienstleister übernommen werden. Dazu ist die Programmierung einer Schnittstelle zur internen Software notwendig. Zwei Anbieter wurden

eingeladen, um einen Kostenvoranschlag zu machen, den Prozess und das Projektmanagement vorzustellen.

Firma A und Firma B liefern beide eine gute Präsentation. Firma A ist allerdings um 30 % günstiger als Firma B. Darum ist das Management geneigt, Firma A den Zuschlag zu geben. Bevor es zur Vertragszeichnung kommt, meldet sich die Personalchefin zu Wort. Sie hat zuvor in einer IT-Firma gearbeitet. Sie argumentiert: Firma A hat für die Programmierung und vor allem das Testing der Schnittstelle deutlich weniger Aufwand berechnet als Firma B. Sie stellt folgende Frage: „Wäre es nicht besser, genau hierauf wert zu legen und sicher zu gehen, dass hier kein Fehler passiert, damit alle Mitarbeiter auch tatsächlich ihr Geld pünktlich auf dem Konto haben? Sicher könnte man an anderer Stelle im Projekt sparen, aber doch nicht am Wesentlichen".

Als sie tatsächlich das Gehör des Managements hat, schlägt die Personalchefin vor, die Inhalte der Projekte höher zu priorisieren als die Kosten. Was nämlich, wenn die Schnittstelle nicht funktioniert und die Gehaltsauszahlungen nicht funktionieren? Wer würde die Abrechnung – zur Not sogar manuell – übernehmen? Könnte man vielleicht an anderer Stelle sparen, um die Kosten nicht allzu hoch werden zu lassen? Könnte die eine Firma Backup für die andere sein? Schließlich einigt man sich, entgegen des ursprünglichen Plans, auf die teurere Firma.

Anhand dieses Beispiels ist sehr gut zu erkennen, wie der Fokus auf die potenziellen Nachteile seine volle Kraft entfaltet. Würde nur nach den vermeintlichen Vorteilen entschieden werden (= Kostenersparnis), würde man damit gleichzeitig ein enormes Risiko eingehen, dass das System nicht wie gewünscht funktioniert.

Personalplanung

Auch im Bereich von Personalauswahlprozessen sind Emotionen und Gefühle essenziell und haben so unmittelbar Auswirkung auf Entscheidungen. Die Bedeutung von emotionaler Intelligenz kann gar nicht hoch genug eingeschätzt werden bei Managern im Personalwesen. Die vermeintlich objektive Auswahl von potenziellen Bewerbern kann durch Intuition oder Bauchgefühl schnell zu einer subjektiv behafteten Entscheidung führen.[10]

Häufig führen der Mangel an Informationen über Bewerber zu Misstrauen und Unsicherheit beim Jobinterview. Als Konsequenz daraus, vertrauen viele Personalexperten auf ihr Bauchgefühl, um Personalentscheidungen zu rechtfertigen. Imdorf stellt fest, dass es den „perfekten " Job-Kandidaten nicht gibt: „A candidate who ‚fits best' cannot be found. [...] companies cease their efforts to search for adequate candidates once they have found one who sufficiently satisfies their needs ".

Fortan unterscheidet Imdorf hinsichtlich dreier unternehmensspezifischen Auswahlkriterien, um Passung und Entwicklungsmöglichkeiten für Bewerber zu Kategorisieren. Die „überbetriebliche ", „betriebsinterne " und „marktweltliche " Tauglichkeit setzt zuvorderst auf deren Einsatzfähigkeit und Lernfähigkeit. Erst im Anschluss findet eine kompetenzorientierte Bewertung der Bewerber statt, die ihren „Wert" für das Unternehmen und dessen Kundenermitteln soll.

Emotionen koordinieren in diesem Fall nicht nur die soziale Interaktion während der Jobinterviews, sondern dienen auch als organisatorisches Hilfsmittel für den Entscheidungsprozess, wenn z. B. „hard facts", wie Zeugnisse o. ä. für die endgültige Entscheidungsfindung nicht ausreichen.

Einer Umfrage der Unternehmensgruppe Robert Half mit 200 Personalmanagern zufolge, beruht jeder zehnte Mitarbeiterwechsel auf einer Fehlentscheidung bei der Personalauswahl. Die Dunkelziffer dürfte weitaus höher sein.

Falsche Personalentscheidungen sind nicht nur teuer, sie stören auch das Betriebsklima und führen zu Produktivi-

tätsverlusten. Daher sind gute und richtige Personalentscheidungen für den Unternehmenserfolg von großer
Bedeutung.[11] Falsche Personalentscheidungen sind sowohl
für das Unternehmen als auch für die betreffende Person
suboptimal. Deshalb gilt es diese, soweit wie möglich, zu
minimieren.

Kosten für Mitarbeiterfluktuation, Fehlbesetzung und mangelnder Personalentwicklung:

- direkte Austrittskosten: Lohnfortzahlung, Abfindung
- indirekte Austrittskosten: Zeugnisse erstellen, Abstimmungsgespräche, Aufgaben-Umverteilung
- direkte Suchkosten: Honorare für Headhunter und Personalberater, Jobbörsen
- indirekte Suchkosten: Profil-/Stellenanzeige, Auswahl-gespräche, Nachinformieren von Bewerbern
- direkte Eintrittskosten: Einarbeitung, Schulung, Arbeits-platz, Umzug, Beteiligung an Kosten
- indirekte Eintrittskosten: Daten, Aufnahme, Leistungs-tests, Onboarding, Vorstellungstermine, Gespräche
- Opportunitätskosten: Überbrückung Vakanz, Projekte, Verluste: Kunden, Aufträge, weitere Mitarbeiter, Per-formance-Schwankungen
- Aufschlag: Wiederholung bei Fehlbesetzung
- In Summe pro Betrieb im Mittel 39.000 € pro Mitarbeiter (ohne Führungsverantwortung)[13]

Eine solche Fehlbesetzung bindet nicht nur dauerhaft
Mitarbeiter und mindert wiederum deren Produktivität,
sondern entpuppt sich darüber hinaus auch als finanziell
teurer Personalentscheidungsirrtum. Als Top-Kostenfaktoren
gelten: Anfallender Produktionsverlust, der Zeitaufwand für
erneutes Recruiting inklusive Anlernprozess und die Kosten
für neue Einstellungs-/Einarbeitungs-Phasen. Kalkuliert
man zusätzlich alle direkten und indirekten Kosten,
schraubt sich der finanzielle Aufwand in schwindelerregende
Höhen, die kaum korrekt zu beziffern sind.

Es ist entscheidend für die Kosten, welche Position im Unternehmen genau falsch besetzt wurde. Eine aktuelle Studie von Kienbaum Management Consultants GmbH stellt fest, dass die Kosten einer Fehlentscheidung bei der Rekrutierung einer Führungskraft sich insgesamt auf das 1,5 bis Dreifache des jeweiligen Jahresgehaltes addieren.

Laut dieser „Kienbaum Vergütungsstudie für Geschäftsführer" müssen für das Recruiting eines neuen Geschäftsführers, dessen Vorgänger ein durchschnittliches Jahresgesamtgehalt in Höhe von 279.000 € erhielt, Kosten von ca. 140.000 € veranschlagt werden. Hierzu gehören etwa die Schaltung des Stelleninserats, die aufgewendete Arbeitszeit der HR-Abteilung während des Bewerbungsverfahrens, das Einstellen und Einarbeiten des neuen Mitarbeiters in seinen Tätigkeitsbereich, aber auch mögliche negative Auswirkung auf Kunden- und Partnerbeziehungen, eventuelle Kündigungen seitens anderer Mitarbeiter, eine eventuelle Übernahme der Reisekosten, die verminderte Arbeitsleistung, mögliche Abfindungskosten oder schlimmstenfalls noch die Kosten eines gerichtlichen Verfahrens, nach der Vertragsauflösung.

Die Studie hat unter diesen Faktoren noch einen weiteren gewaltigen Kostenpunkt identifiziert: Aufgrund verminderter Arbeitsleistung in der Einarbeitungszeit, müssten Unternehmen in diesem Fall mit weiteren 140.000 € Kosten rechnen.[12]

Ein Beispiel:

> **Beispiel**
>
> Im Personal Management eines großen Unternehmens soll eine Managerposition besetzt werden. Durch einen Wechsel ist sie vakant geworden. Es handelt sich um eine Nachbesetzung. Mit der vorangegangenen Personalie war man sehr zufrieden gewesen, von der Persönlichkeit

ebenso wie vom Leistungsniveau. Im Grunde sucht man eine Nachbesetzung, die 1:1 so arbeiten soll, wie der Vorgänger.

Der Job wird mit gleichem Profil ausgeschrieben, die eingehenden Bewerbungen werden, sowohl in der Fachabteilung als auch bei internen Kunden, vorgelegt. Die retournierten Feedbacks sind allerdings durchaus gemischter Natur, was die Top drei Kandidaten angeht. Insbesondere zweifelt man an den fachlichen Kompetenzen und an der Resilienz, so lautet das Feedback aus der Organisation, obwohl die Personalabteilung ein sehr gutes Gefühl mit dieser Auswahl hat. Schließlich hat man die Kandidaten nach Übereinstimmung mit den vorher festgelegten Kriterien ausgewählt. Man hat nichts verändert und ging gleich vor, wie bei der letzten Besetzung.

Die drei Topkandidaten werden eingeladen und vorgestellt. Die HR selbst ist begeistert, die internen Kunden aus der Organisation nicht. Die Argumente gegen die drei Kandidaten sind folgende: zu unerfahren, nicht genügend Selbstführung, kein ‚High Caliber Talent'.

Ist dieses Feedback nun dem Umstand geschuldet, dass die Organisation den Personalwechsel noch nicht verkraftet hat und insgeheim an der alten Besetzung festhalten möchte? Woraus resultiert die so unterschiedliche Wahrnehmung der Kandidaten zwischen Fach- und Personalabteilung?

Tipp: Entscheidungen nicht auf der Basis der Vergangenheit treffen.
Auch hier sehen wir das Phänomen, dass wir uns in Entscheidungsprozessen häufig an der Vergangenheit orientieren. Das trifft eben nicht nur zu bei Entscheidungen, die wir als Einzelpersonen, sondern auch als Organisation, treffen.

Die Personalabteilung hat bei der Neubesetzung der Position, wie in so vielen Fällen, eine Lücke schließen wollen. Die Krux dabei ist, dass die Weiterentwicklung der Organisation und die sich daraus ergebenden Veränderungen der Ansprüche an diese Position wurden überhaupt nicht berücksichtigt.

Die „Hire on Vacancy-Strategie" (Rekrutieren auf eine offene Position) wird in 98 % der Unternehmen tagtäglich verfolgt. Anforderungsprofile werden, sofern sie überhaupt existieren, dabei nur in den aller wenigsten Fällen erstellt oder überarbeitet. Falls dies der Fall ist, dann ist die Einbeziehung der Fachabteilung die absolute Ausnahme.

Im beschriebenen Fall kommt es darum zu Meinungskollisionen zwischen Personal- und Fachabteilung, weil dieser Diskurs über die eigentlichen Aufgabengebiete der ausgeschriebenen Stelle nicht fortlaufend stattgefunden hat.

In der Praxis wird sich meistens, um des Frieden Willens, die Personalabteilung mit ihren Vorschlägen durchsetzen. Dann entscheiden größtmögliche Deckung des Anforderungsprofils und der geringste „Einkaufspreis".

Diese Form der Rekrutierung ist jedoch von Beginn an zum Scheitern verurteilt, weswegen es zu immer häufigeren Kündigungen in der Probezeit kommt. Dies führt unweigerlich zu Unzufriedenheit und Demotivation auf allen Seiten. Darüber hinaus verfestigt sich der Irrglaube, dass junge Fach- und Führungskräfte einfach inkompetent sind, weil sie mit den – unpassenden – Ansprüchen nicht zurechtkommen (siehe hierzu auch meine Ausführungen über selbsterfüllende Prophezeiungen).

In Wirklichkeit handelt es sich dabei jedoch um eine Unterlassung der grundlegenden Entscheidung, welche Ziele mit einer Neubesetzung oder mit einer Stellenbesetzung überhaupt erreicht werden sollen, um daraus abzuleiten, wer der geeignete Kandidat für diese Stelle ist. Die neuen Fach- oder Führungskräfte können bei solchen Voraussetzungen eigentlich nur verlieren.

Beispiel

Die Sinnhaftigkeit des Sinnspruchs „Never change a running system" wurde nun mehrfach widerlegt, hält sich jedoch hartnäckig. Nur, weil Dinge in der Vergangenheit funktioniert haben, heißt es nicht, dass diese bis in alle Ewigkeit funktionieren. Besonders bei Personalentscheidungen ist dies wichtig zu wissen, denn das System und dessen Anforderungen an die Akteure ändert sich im Laufe der Zeit. Falsche Personalentscheidungen sind nicht nur teuer, sondern sie sorgen für Zeitverzögerungen, Demotivation im Umfeld und sonstige Ressourcenvergeudung. Indes kann es eine sinnvolle Personalentscheidung nur geben, wenn die Voraussetzungen dafür klar festgelegt wurden. Dazu gehört es zu wissen, was mit der Stellenbesetzung überhaupt erreicht werden soll. Nur so kann es zu tragfähigen Entscheidungen kommen, die von vornherein suboptimale Personalentscheidungen minimieren.

5.5   Entscheidungen kommunizieren

Das folgende Beispiel zeigt, dass gerade bei der Stellenbesetzung unter Druck, die Vorbehalte gegen Kandidaten zu deren Scheitern führen können, ohne dass sie überhaupt einen Fehler begangen haben.

Nicht selten steht eine Position stellvertretend für den Engpass in einer Organisation. Die Person ist quasi der Buhmann für ungelöste Probleme, über die im Vorfeld nicht entschieden worden ist.

Beispiel

In einem Elektrounternehmen soll ein weiterer technischer Zeichner angestellt werden. Das Unternehmen selbst hat durch das hohe Auftragsvolumen eine hohe Schlagzahl. Die

35 Mitarbeiter sind insbesondere durch Installationen und Wartungen von Industrieanlagen sehr gut ausgelastet.

Der Geschäftsführer hat das Familienunternehmen vom Vater übernommen, der einst mit einem kleinen Elektrohandel begonnen hat und die Firma sukzessive vergrößerte. Inzwischen gehört der Betrieb zu den größten Arbeitgebern in der Stadt. Aufgrund dieses unternehmerischen Erfolges wird ständig nach neuen Mitarbeitern Ausschau gehalten.

Fachkräfte mit entsprechender Ausbildung sind jedoch schwer zu bekommen. Mit einer Ausschreibung wendet man sich an die Bundesagentur für Arbeit.

Der Geschäftsführer ist von vorneherein voreingenommen, was eine Stellenbesetzung durch das Arbeitsamt betrifft, und als ihm Kandidatenprofile zugestellt werden, ist er für eine Terminierung von Vorstellungsgesprächen nur wenig empfänglich.

Schließlich kommt es einem Erstgespräch mit einem, laut seiner Aussage, halbwegs passablen Kandidaten. Sein Vorarbeiter fragt ihn, warum er einem Erstgespräch überhaupt zustimmt, wenn er doch so große Vorbehalte hat. Ob er wirklich jemanden einstellen wolle, der von der Arbeitsagentur kommt und vielleicht nicht die richtigen Qualifikationen für diesen Job mitbringt?

Der Geschäftsführer reagiert auf diese Nachfrage indifferent. Für eine Anstellung würde sprechen, dass man beim aktuellen Arbeitsaufkommen nichts unversucht lassen dürfe, um sofortige Entlastung für den Betrieb und seine Mitarbeiter zu erzielen. Außerdem wirke es sich bestimmt gut auf die Arbeitgebermarke und das Außenbild aus, auch einmal jemanden vom freien Arbeitsmarkt zu rekrutieren. Schließlich habe man sich als Arbeitgeber in der Vergangenheit nicht immer mit Ruhm bekleckert, wenn man auf die abgebrochenen Lehrstellen und die hohe Mitarbeiterfluktuation des Unternehmens schaut.

Dagegen spricht natürlich, dass jede neue Kraft, noch dazu eine nicht qualifizierte, eingearbeitet werden muss, und im Grunde ist hier das Versagen vorhersehbar. Würde man den Bewerber vom Arbeitsamt keine Chance geben, müsste man allerdings Geld für einen Personalberater in die Hand nehmen: Auf die Stelle hat sich schließlich kein anderer beworben. Würde man niemanden finden, bedeute dies, dass die Arbeit auf die anderen verteilt werden müsse, was Überstunden und Unzufriedenheit mit sich bringt. Der einzige Vorteil einer Nichtbesetzung wäre: man müsse sich nicht über Unfähigkeit eines anderen ärgern und könne ihn nach spätestens drei Monaten wieder entlassen.

Als die beiden dieses Gespräch beenden, fassen Sie den Entschluss, dem Mann vom Arbeitsamt eine Chance zu geben, parallel ihre Einarbeitungspläne zu überdenken und mit der Handwerkskammer zu sprechen, welche Rekrutierungskanäle man in Zukunft noch zusätzlich nutzen könne.

Wie im vorangegangenen Beispiel steht der technische Zeichner stellvertretend für die negativ besetzte Arbeitgebermarke und die Rekrutierungsprobleme des Unternehmens. Automatisch und noch bevor er seinen ersten Arbeitstag antritt, wird er mit diesen Themen in Verbindung gebracht und zwar so negativ, dass sein Scheitern vorprogrammiert ist. Im Grunde wird über ihn entschieden, bevor aktiv und auf Basis von Argumenten oder empirischen Belegen, entschieden werden konnte. Indem der Vorarbeiter beim Geschäftsführer anspricht, was die eigentlichen Vorbehalte gegen bei der Stellenbesetzung sind, können Organisationsveränderungen und Entwicklung angestoßen werden und der neue Mitarbeiter hat dadurch eine Chance, sich produktiv in den Betrieb einbringen zu können.

Beispiel:

Beispiel

Auch bei einem sehr renommierten Forschungsinstitut stehen bei der Stellenbesetzung andere Motive im Vordergrund als der Erfolg des Institutes oder die Vision des Institutsleiters. Dieser hat vor drei Jahren das Forschungsinstitut übernommen und sieht durch den nationalen und internationalen Wettbewerb, dass der Gegenwind rauer wird. Industrielle Drittmittel wachsen nicht auf Bäumen und ebenso wenig ist dies der Fall beim Forschungsnachwuchs.

Durch das Ausland geprägt, weiß er, dass es maßgeblich an der Besetzung der Top-Positionen liegt, wie interessant die Einrichtung für Geldgeber und Studierende ist. Er nimmt sich vor, bei allen kommenden Besetzungen nur noch Top A Kaliber den Vorzug zu geben. Da er zur Rekrutierung durchaus auch persönliche Netzwerke aktiviert und sich nicht nur auf Personalberater verlässt, fällt es ihm nicht schwer, sehr qualifizierte Kandidaten zu kontaktieren.

Insbesondere eine Kandidatin mit einem nahezu 100-%ig überzeugenden Qualifikationsprofil sticht besonders heraus. Nachdem er ein telefonisches Erstgespräch geführt hat, neigt er bereits dazu, einen Vertragsentwurf vorzubereiten und der Kandidatin zukommen zu lassen. Er ist vollends überzeugt von ihr und ihren Fähigkeiten.

Schwieriger als gedacht gestaltet es sich allerdings, sein eigenes Kollegium von den Top-Kalibern zu überzeugen. Diese fühlen sich offenbar durch die Lebensläufe und Publikationslisten der potenziellen Kollegen in die Ecke gedrängt und gehen auf Konfrontationskurs.

Mit seinen persönlichen Assistenten berät er sich hinsichtlich der folgenden Frage: Was muss Priorität haben, damit sich das Institut mittel- und langfristig positiv entwickelt? Im Grunde dürfen sich die Harmonie des Teams und die Rekrutierung von Top-Talenten nicht im Wege stehen, betont der Institutsleiter, weiß jedoch, dass auch er selbst in der Vergangenheit zu viel, um des Friedens willen, hat durchgehen lassen. Soll er also auch jetzt dem Teamspirit den Vorrang lassen und auf eine super erfahrene Kompetenzträgerin verzichten, die nicht nur alle Kriterien erfüllt, sondern auch den dringend notwendigen Sprung in die Internationalisierung sowie mit ihm gemeinsam das Change Management vorantreiben wird?

Das würde bedeuten, dass unmittelbar Entspannung und Ruhe im Team eintreten würde, was sich sicherlich kurzfristig positiv auf die Forschungsarbeit auswirken würde. Dies ist jedoch keine zukunftsträchtige Rekrutierungsstrategie.

Der Entschluss steht fest, eine Neuerung einzuführen und die Kandidaten ab sofort zu Loop-Interviews einzuladen, in denen sie Gelegenheit haben, im informellen Gespräch, aber auch in situationsbezogenen Interviews, alle zukünftigen Ansprechpartner kennen zu lernen und sich möglichst schnell vertraut zu machen mit dem Arbeitsumfeld.

Zuvor und im Anschluss würde es ein Gespräch mit dem Institutsleiter geben, in dem der angestrebte Veränderungsprozess transparent dargelegt wird. Zudem nimmt Letzterer sich vor, das Team dafür zu sensibilisieren, dass Disharmonie keine Gefahr darstellt, sondern darin durchaus Wachstumspotenzial verborgen liegt. Der Institutsleiter wird zudem auch noch mal die Wettbewerbs- und Finanzsituation des Institutes klären und dadurch die Neugierde und allgemeine Hoffnung auf wirklich gute Leute von außen lenken. Sollte er mit diesem transparenten und durchdachten Vorgehen scheitern, könne er immer noch auf einen B-Kandidaten zurückgreifen.

Kommunikation und gemeinsame Bilder erleichtern Teamentscheidungen

Die Visualisierungskompetenz schützt uns davor, Entscheidungen so lange aufzuschieben, dass wir sie anderen überlassen und gegebenenfalls sogar in die Situation kommen, dass andere schneller oder sogar gegen uns entscheiden. Ein deutsches Sprichwort sagt: „Entscheide selbst oder du wirst entschieden" und meint im Kern dasselbe. Gerade bei Personalentscheidungen ist zwar nicht immer mit absoluter Sicherheit zu sagen, ob eine Entscheidung die richtige war, doch viel wichtiger als das, ist die persönliche Haltung zur Entscheidung.

Beispiel

Norbert hat das Unternehmen seines Vaters übernommen. Zwar liegt seine eigene Leidenschaft nicht unbedingt in der Unternehmensführung, doch aus familiären Gründen fühlt er sich verpflichtet, das Unternehmen in die Zukunft zu führen. Sein Vater hat das Unternehmen mit harter Hand und doch erfolgreich geführt. Norbert selbst ist eher der Typ Teamplayer. Privat liebt er den Handballsport und glaubt daran, dass Siege gemeinsam errungen werden.

Nun ist er Anfang 30 und steht an der Spitze des Familienbetriebes. Durch seine neuen Aufgabenfelder wie Vertrieb, Kundenumgang und Personalverantwortung sieht er, dass Unternehmertum doch etwas anderes ist als ein Handball-Team. Abends redet ihm der Vater ins Gewissen und drängt ihn, despotischer aufzutreten und stärker durchzugreifen. Was in der Vergangenheit funktioniert hat, wird auch in Zukunft funktionieren, dafür stehe dieses Unternehmen, so der Vater.

Norbert muss zugeben, dass ihm diese Art der Erziehung, die sein Vater anwandte, auch nicht geschadet hat. Von seinem Handballtrainer und den Spielen, den Regeln und den Strafen bei Regelverstößen, vor allen Dingen aber vom Feiern gemeinsamer Erfolge, hat er allerdings weit mehr und anderes gelernt.

Er fühlt sich nicht wohl, jetzt einen Führungsstil an den Tag zu legen, der ihm nicht entspricht, außerdem würde es ihn viel Zeit kosten, sich etwas anzutrainieren, was nicht seins ist.

Allerdings: er sieht, dass im Betrieb Unruhe herrscht. Zwei Mitarbeiter haben gekündigt und einige wenden sich bereits wieder an den Vater, wenn es um Entscheidungen geht. Norbert wird eine Entscheidung treffen müssen, wenn er das Unternehmen voranbringen will.

Kurz entschlossen ruft er seinen alten Handballtrainer an, mit dem er auch in der Vergangenheit weit mehr als nur sportliche Probleme diskutiert hat. Ihm schildert er die Situation. Sein Trainer fragt ihn: „Norbert, möchtest du Trainer deines Teams sein?".

Norbert versteht nicht sofort, doch als er über die Frage nachdenkt, begreift er, dass jede Führungskraft und jeder Unternehmer auch zugleich ein Trainer ist. Der Trainer fuhr fort: „Wenn du das möchtest, Norbert, dann trommle dein Team zusammen und erklär deine Spielstrategie. Mach ihm klar, wie die Regeln sind, deine Regeln! Es ist egal, wer vorher Trainer war und wie dort gespielt wurde. Wichtig ist, dass..."- Norbert vervollständigt den Satz, den er so häufig gehört hat, bis er ihn auswendig konnte: „...alle an einem Strang ziehen".

Ein bisschen ärgert sich Norbert, dass ihm das nicht gleich und von selbst eingefallen ist. Dann wird ihm klar, dass die weitaus größere Hürde, als die Führung des Teams und des Unternehmens sein wird, seinem Vater die Stirn

zu bieten, mit seinem eigenen Ansatz von Unternehmensführung. Er wird eine Firmenstrategie ausarbeiten und
sie dem Team präsentieren. Vielleicht wird sich jemand
dagegen entscheiden. Das ist nun mal das Risiko klarer
Ansagen. Aber Norbert weiß auch: Wenn der Teamspirit
passt, sind alle mit an Bord.

Norbert macht etwas, was viele unter Entscheidungsdruck und größer werdenden Herausforderungen schnell
vergessen. Er besinnt sich auf gemachte Erfahrungen und
vor allen Dingen auf Strategien, die in der Vergangenheit funktioniert haben. Darauf baut er auf und gewinnt
dadurch Vertrauen für die nächsten Schritte.

In Krisensituationen haben Forscher herausgefunden, dass
es sich um eine wesentliche Überlebensfunktion handelt,
auf funktionierende Strategien zurück zu greifen, diese der
Situation anzupassen und zu perfektionieren.

Erst, wenn wir Herr einer Situation geworden sind, ist
wieder Raum für Experimente und Diversifikation. Nichts
anderes lehrt die auf Engpass konzentrierte Strategie,
beziehungsweise die Theory of Constraints.

Trifft also ein Unternehmen die Entscheidung, Potenziale
tatsächlich zu fördern und Diversität nicht als Engpass,
sondern als Bereicherung zu begreifen, müssen die dadurch
auftretenden Konfliktfälle thematisiert und moderiert
werden. Eine solche Kultur verlangt ebenso wie eine große
Familie regelmäßige Krisen oder „Navigationssitzungen
(...) in denen Kurskorrekturen vorgenommen werden.
Fristen, in denen die Einhaltung von Spielregeln überprüft
werden. Dabei bleibt ausreichend Zeit für die Regelung
von Konfliktfällen"[14]. Natürlich kommt es zu Problemen
zwischen unterschiedlichen Arbeits- und Denkstilen, zu
verschiedenen Auffassungen über das Zusammenarbeiten, ja
sogar Konkurrenzverhalten über Kompetenzbereiche, Aufgaben und so weiter. All das ermöglicht jedoch Delegation,
Absprache und Neuordnung sowie Eigenverantwortung

seitens aller Entscheider. Es geht darum. Dass „Jeder seine Kompetenzen ernstnimmt, (…) Freiräume (nutzt) und beachtet seine Pflichten und Grenzen".

Beispiel

In den allermeisten Kontexten ist es nicht nur wichtig, Entscheidungen zu treffen, sondern es ist mindestens ebenso wichtig, diese im engeren Umfeld zu kommunizieren. Durch Offenheit und Transparenz schafft man ein Klima des Vertrauens, welches ungemein wichtig ist, sowohl im unternehmerischen als auch im privaten Kontext.

Durch diese Form der Kommunikation ist es leichter, Missverständnisse zu erkennen und gegebenenfalls zu klären. Verdeckte Konflikte, die mit der Entscheidung einhergehen, sind leichter aufzudecken.

5.6   Entscheidungen in Beziehungen

Keine Entscheidung ist wohl so einschneidend wie die für den Lebenspartner. Diese Entscheidung formt die Gestaltung des Lebens beinahe noch mehr als die Wahl des eigenen Berufes.

Ein Lebenspartner entscheidet mit darüber, wie das Privat- und Berufsleben gestaltet wird – manchmal direkt, manchmal indirekt –, ob eine Familie gegründet wird, wie die Freizeit verbracht wird oder sorgt dafür, mit neuen Wertesystem in Kontakt zu kommen. Bisherige Zielsetzungen können sich unter Beziehungsaspekten völlig verändern: Wurde bis vor kurzem noch die Karriere in den Vordergrund gerückt und alle anderen Elemente des Lebens vernachlässigt, kann mit dem Partner der Aspekt der Familiengründung in den Fokus rücken und die Karriere auf Eis legen.

Außerdem bringt jeder Mensch ein Netzwerk von anderen Menschen mit in die Beziehung, was wiederum neue berufliche oder private Möglichkeiten ergibt. Kurzum: ein Lebenspartner hat eine enorme Auswirkung auf das eigene Leben.

Anthropologen und Humanbiologen sind sich inzwischen einig, dass das Gehirn über drei Zentren verfügt, die an dieser Wahl beteiligt sind:

- das Lustzentrum, auch Libido genannt,
- das Zentrum für romantische Anziehungskraft,
- sowie das Zentrum für tiefe Gefühle und Vereinigung mit dem zukünftigen Lebenspartner.

Biologin und Anthropologin Helen Fischer hat sich insbesondere mit diesen Themen beschäftigt und führt an:

- Lust – the sex drive or libido
- Romantic attraction – romantic love
- Attachment – deep feelings of union with a long term partner.

"Love can start off with any of these three feelings," so Helen Fisher, "Some people have sex first and then fall in love. Some fall head over heels in love, then climb into bed. Some feel deeply attached to someone they have known for months or years; then circumstances change, they fall madly in love and have sex. But the sex drive evolved to encourage you to seek a range of partners; romantic love evolved to enable you to focus your mating energy on just one at a time; and attachment evolved to enable you to feel deep union to this person long enough to rear your infants as a team."[15]

Fischer betont, dass bei der Wahl des Lebenspartners die sexuelle Attraktivität die geringste Rolle spiele. Weitaus wichtiger ist, dass der Lebenspartner eine spezielle Bedeutung im Leben des anderen habe, woraufhin der Prozess des Verliebens in Gang gesetzt wird. Die eigene Welt hat auf einmal einen neuen Fokus, eine neue Ausrichtung. Und selbst wenn man am anderen Dingen nicht mag, so wird man diese vernachlässigen zugunsten der Dinge, die positive Gefühle auslösen und Bindung erzeugen. Es ist, so Fischer, als würde jemand in deinem Kopf wohnen[16].

Welcher Partner passt (besser) zu mir?
Ein Beispiel:

> **Beispiel**
>
> Der Startup-Unternehmer Marc hat in der Vergangenheit viel Pech gehabt. Die erste Ehe ist in die Brüche gegangen, und das Unternehmen, bei dem er angestellt war, hat ihn wegen drohender Insolvenz auf die Straße gesetzt. Nach einiger Zeit hat er wieder geheiratet und beinahe aus dem Nichts, mit viel Fleiß, ein eigenes Unternehmen gegründet und zum Erfolg geführt.
> Heute steht er, trotz persönlicher sowie unternehmerischer Höhen und Tiefen, finanziell sehr gut da. Die Anstrengungen dieses Lebensweges haben allerdings auch ihren Tribut gefordert: Seine zweite Frau hat einen Sohn mit in die Ehe gebracht. Gemeinsam haben sie eine kleine Tochter. Eine Zeit lang schien es, als wäre das Familienleben ein guter Ausgleich zum knallharten Business, das inzwischen zu einem 20 Mann starken Unternehmen herangereift ist.
> Doch mit den Jahren muss Marc sich eingestehen, dass sein Herz und all seine Gedanken der Firma gehören. Er liebt es, sich neue Vertriebswege auszudenken und neue Businessstrategien zu diskutieren. Nur ungern verbringt er die Wochenenden zu Hause, lieber möchte er mit Kollegen anderer Unternehmen und mit Businesspartnern

Konferenzen besuchen und sich innovative Lösungen ausdenken.

Richtig stark werden diese Sehnsüchte, als er seine neue Vertriebsleiterin einstellt, durch die er nicht nur neue Kunden, sondern auch neue Vertriebswege erschließen kann. Das begeistert ihn, und erstmals seit Langem spürt er wieder die Gründerenergie in sich, wie damals zu Beginn des Aufbaus seines Unternehmens.

Seine eigene Frau wiederum fordert ihn als Familienvater und privaten Ehemann, umso stärker, je erfolgreicher und innovativer er wird und je mehr Chancen er für die Firma auch sieht. Er fühlt eine zunehmende innere Zerrissenheit.

Zwei Jahre später muss er sich die Frage stellen, ob er seiner Ehe noch eine Chance geben möchte, oder ob er lieber mit seiner Vertrieblerin eine neue Zukunft starten möchte. Marc ist von Natur aus kein sonderlich impulsiver, sondern eher ein abwägender Typ und zieht sich mit seinem besten Freund für einen Nachmittag zurück, um die Lage zu sondieren.

Die beiden sprechen miteinander und versuchen, ohne Wertung eine Bestandsaufnahme zu machen: Wenn Marc bei seiner Frau bleibt, dann sorgt dies im Außenbild für Stabilität, einen guten Ruf. Dann könnte er im Haus bleiben und für die Kinder eine Familie aufrechterhalten. Die Entscheidung zugunsten der Familie, würde ihm den Stress einer Trennung und einer Scheidung ersparen und damit auch den Zeitaufwand, den er sich eigentlich bei dem Arbeitsvolumen der Firma nicht leisten kann. Und auch finanziell betrachtet, wird er die Hälfte all das erarbeiteten Kapitals verlieren, sollte seine Frau es wirklich drauf anlegen.

Auf der anderen Seite wird sie ihn an Fortschritt und Fortkommen hindern, denn mehr und mehr entwickelt sie sich zu einem Bremsklotz, hinsichtlich seiner Energie, die er und seine Kunden und Mitarbeiter jedoch brauchen.

Seine Vertriebsleiterin und er haben dagegen eine ganz andere Bindung. Seit Jahren beflügeln sie sich gegenseitig und was am Anfang sexuelle Anziehungskraft war, ist tatsächlich vielmehr ein Austausch auf allen Ebenen geworden. Diese Verbindung zu ihr gibt ihm Energie und er sieht zugleich, wie sehr auch sie sich entwickelt und immer noch über sich hinauswächst.

Als sein Freund ihm so zuhört, stellt dieser ihm schließlich die Frage, mit der Marc bereits gerechnet hat, nämlich was er nun tun wolle. Marc hat für sich bereits entschlossen, dass er einen Schlussstrich ziehen muss. Die Situation ist ihm zwar unangenehm gegenüber seiner Frau, weil er ihr für alles dankbar ist, was sie für ihn getan hat, doch langfristig würden sich beide mehr schaden als nutzen, wenn sie zusammenblieben.

Er wird ihr eine Abfindung vorschlagen und auch dass sie in dem Haus bleiben könnte, sofern sie das wolle. Er wird auch dafür sorgen, dass die Kinder bestmöglich versorgt sind, sodass sie sich ihre Existenz entspannt aufbauen kann. Damit erhofft er sich natürlich, dass sie nicht auf das Firmenkapital bestehe.

Je mehr er darüber nachdenkt, desto mehr spürt er auch seine Liebe für sie aus der Vergangenheit und wie sehr er dankbar ist, für die Jahre des gemeinsamen Aufbaus. Er überlegt sich noch, wie er dies seiner Noch-Ehefrau auf wertschätzende Art und Weise mitteilen kann. Seine Zukunft sieht er mit seiner Vertriebsleiterin.

Angst vor neuen (Ver-)Bindungen

Der portugiesische Neurowissenschaftler Antonio Damásio hat bereits Anfang der 80er Jahre des letzten Jahrhunderts festgestellt, dass Menschen, die aus medizinischen Gründen etwa nach einem Unfall mit Auswirkungen auf das Gehirn keine Gefühle, wie z. B. Wut, Freude, Trauer, Hoffnung oder Enttäuschung mehr empfinden, ebenfalls keine Entscheidungen mehr treffen können.[17]

Seine Untersuchungen belegen, dass Entscheidungen ohne Emotionen nicht möglich sind. Das Bewusstsein der Emotionen, die bei einer Entscheidung eine Rolle spielen, ermöglicht diese zu hinterfragen, zu überprüfen und zu steuern. Ohne dieses Bewusstsein steuern die Emotionen unsere Entscheidung unbewusst. Die entscheidenden Emotionen sind wahrnehmbar, da sie sich in blitzschnellen Körpersignalen, wie z. B. einem Zucken, einem Kribbeln oder einem flauen Magengefühl usw. ausdrücken. So werden frühere Erfahrungen, die bei ähnlichen Situationen gemacht wurden, erlebbar. Damásio geht davon aus, dass diese Erfahrungen sich in sogenannten Erfahrungsspeichern sammeln und diese bei ähnlich gelagerten Entscheidungen wieder abgerufen werden.

So ist auch Angst eine Emotion, die in diesen Erfahrungsspeichern gelagert ist und unweigerlich Einfluss auf Entscheidungen nimmt. Wenn wir uns dieser Angst bewusst sind und sie zulassen, dann können wir sie richtig bewerten. Angst ist somit nicht das Gegenteil von Mut. Die Angst schützt vor übermütigen Entscheidungen, indem sie bewusst oder unbewusst Risiken abschätzt und Warnsignale sendet.

„Ohne Angst würde ich heute nicht mehr leben. Angst ist ja die andere Hälfte des Mutes, Angst und Mut sind ein unteilbares Ganzes." Reinhold Messner.

Allerdings darf diese Angst die Entscheidungsfindung nicht blockieren. Ängste sollten daher in Respekt verwandelt werden. Dies kann durch eine gute Vorbereitung der Entscheidung erfolgen. Hierzu sollten möglichst schnell alle notwendigen und entscheidungsrelevanten Informationen gesammelt werden.

Das Sammeln der Information dient zum einen der Vorbereitung der Entscheidung. Zum anderen aber auch der größeren Identifikation mit der Entscheidung. So wird diese Entscheidung zur»eigenen« Entscheidung, da man sich selbst schließlich bemüht hat, ein Ergebnis zu erzeugen.

Beispiel

Anita ist Mutter zweier Kinder und mit ihrem Mann seit 15 Jahren verheiratet. Bis zu dem Beginn ihrer Ehe war sie erfolgreiche Controllerin. Allerdings hat sie diesen Job aufgegeben, nachdem sie am Rande eines Burn-Outs stand.

Die Schwangerschaft ist ihr eine willkommene Begründung dafür, sich erstmals Zeit für sich und für andere Dinge als das Arbeitsleben zu nehmen. Als sie jedoch erfuhr, mit Zwillingen schwanger zu sein, ahnte sie, dass die ersehnte Ruhe nur von kurzer Dauer sein werde.

Verständlicherweise waren beide Eltern während der Kleinkindjahre stark durch die beiden Kinder beansprucht. An eine Rückkehr in den alten Job war nicht zu denken.

Als ihr Mann dann auch noch am offenen Herzen operiert wurde und die Rehabilitation viel Zeit in Anspruch nahm, war Anita für eine sehr lange Zeit an allen Ecken und Enden gefordert.

Inzwischen gehört das alles der Vergangenheit an. Die Kinder sind in der Grundschule und ihr Mann in die Selbstständigkeit zurückgekehrt. Was nicht zurückgekehrt ist, ist die Liebe zwischen den beiden Ehepartnern. Anita ist in der Mutterrolle eingesperrt. Inzwischen arbeitet sie als freie Beraterin und nutzt die Vormittage, um, wie sie es selbst formuliert, raus zu kommen. Darüber hinaus lernt sie natürlich Leute kennen und genießt die Abwechslung.

Eines Tages trifft sie in einem ihrer Kunden auf den Liebhaber, der weit mehr ist als nur eine Affäre. Nach einem Jahr gelegentlicher Treffen, stellt er ihr die Frage, ob sie für ihn ihren Mann verlassen wolle. Gehen oder bleiben? Diese beiden Optionen hat sie in ihrem Kopf bereits häufig abgewogen. Jetzt liegen die beiden Alternativen auf dem Tisch.

Es steht fest, dass sie ihren Mann irgendwann verlassen wird, doch noch nicht jetzt. Jetzt sei einfach nicht der richtige Zeitpunkt dafür. Die Kinder sind noch klein, sagt sie sich, und sie brauchen Stabilität.

Gewiss, ihre Affäre ist weit mehr als das. Schließlich bietet er ihr weit mehr als nur sexuelle Zerstreuung, sie empfindet intellektuelle Abwechslung, ein unbelastetes Zusammensein, tatsächlich Freude und traut sich auch hier und da an eine gemeinsame Zukunft zu denken. Jedoch: ihr fehlt schlicht das eigene Geld für eine eigene Existenz. Sie hat keine Kraft für einen eventuellen Rosenkrieg, für ihre Kinder zu kämpfen, oder um noch einmal völlig neu anzufangen.

Wohin sollte sie auch gehen? Außer dem Zuhause mit ihrem Ehemann, hat sie keinen Ort, den sie ihr Zuhause nennen könnte. Wenn sie bleibt, dann bleibt alles wie es ist. Es wird eine Zeit lang langweilig bleiben, und sie wird ihren Ehemann weiterhin betrügen, allerdings geht sie davon aus, dass ihr Mann sich dessen sowieso bewusst ist.

Was ihr allerdings nicht gefällt ist die Tatsache, dass weder ihre jetzige Existenz finanziell abgesichert ist noch ihre Zukunft in irgendeiner Art geregelt ist. Ihr gefällt auch nicht, dass sie ihre Kinder in dieser Ungewissheit erziehen muss.

Sie ahnt, dass sie noch eine ganze Weile ihr Leben mit zwei Männern an ihrer Seite verbringen wird. Und doch wird sich in der Zukunft etwas ändern. Sie wird für Klarheit sorgen, mit ihrem Mann über Versicherungen, Finanzen, Absicherung im Krankheitsfalle und auch ihr persönliches Geld sprechen. Das ist zwar ein unangenehmes Thema für sie, doch haben sie zu viel durchgemacht und wissen beide, dass jederzeit wieder etwas passieren kann, was den anderen in eine schwierige Situation bringen wird. Darum ist Vorsorge jetzt angesagt, was mit ihren persönlichen Überlegungen, zum einen oder zum anderen Mann zu gehen, noch gar nichts zu tun hat.

Dieses Beispiel zeigt sehr schön, wie der Entscheidungsdruck einer Situation dazu führt, dass das eigene Leben und die eigenen Wertmaßstäbe hinterfragt werden. Unabhängig davon, ob Anita ihren Mann verlassen wird oder nicht, ist es enorm wichtig, dass sie sich finanziell absichert. Das eine hat thematisch nichts mit dem anderen zu tun.

Dennoch wird sich die Frage des zukünftigen Partners eher früher denn später stellen. Es ist jedoch auch eine Frage der Fairness, ob man dann nur den Partner wählt, der mehr finanzielle Sicherheit bietet. Insofern schafft Anita eine gute Grundvoraussetzung, um die partnerschaftliche Frage fair für sich und ihr Umfeld zu beantworten.

Chancenblick entwickeln

Entscheidungen unter Druck werden häufig an Kennzahlen wie Liquidität, Ertragssicherung und Gewinnsteigerung festgemacht. Projekte bemessen wir oftmals nach Budget, Ressourcen und Zeit und wenden bekannte Formen, wie etwa die berühmte Smart-Formel der Zielsetzung an (S.M.A.R.T. – spezifisch, messbar, attraktiv, realistisch, terminiert) an. Mit einer solchen Formel lässt sich jedoch nicht entscheiden, ob man aus einem bestehenden Angestelltenverhältnis in eine Selbstständigkeit wechseln sollte. Für solche Entscheidungen gibt es einfach keine Formel.

Hierzu bedarf es eher der Kraft der Visualisierung und Forscher haben herausgefunden, dass je detaillierter zukünftige Seinszustände visualisiert werden, desto leichter die Entscheidung dafür oder dagegen fällt, selbst dann, wenn der Seinszustand noch in weiter Zukunft liegt.

> **Beispiel**
>
> Harald ist Architekt und neben seiner beruflichen sehr erfolgreichen Entwicklung, zugleich auch Planer und immer wieder auf der Suche nach neuen Ideen und Erweiterungsmöglichkeiten seiner Tätigkeit. Zugleich weiß er, dass diese Neugierde ihn oft von seinen Tätigkeiten abzubringen droht.
>
> Diesmal hat er jedoch eine Idee, die er in ein eigenes Business integrieren möchte. Da er sich darum nicht selbst kümmern kann, sucht er einen Geschäftsführer für diesen neuen Geschäftszweig.
>
> Mit einem Kollegen tauscht er sich aus, wer ein geeigneter Kandidat für die neue GmbH wäre. Nachdem sie sich über Anforderungen, Kompetenzen, potenzielle Markterschließung, Kundenumgang, das Handling von Lieferanten und einiges mehr, Gedanken gemacht haben, steht nicht nur das Profil fest, Harald sieht auch unglücklich aus. Sein Kollege fragt verwundert, was denn los sei. Harald antwortet, dass er bereits einen Kandidaten habe, und dass ihm das in Entscheidungsschwierigkeiten bereite.
>
> Ohne es zu wissen, habe er bereits jahrelang dieser Person gegenübergesessen, nun jedoch könne er es einfach nicht mehr leugnen. Es ist seine Assistentin und Geschäfts-

partnerin, und diese ist geradezu prädestiniert für die verantwortungsvolle Aufgabe.

Sie hat schon mehrere Male von sich aus Entwicklungs- und Veränderungsbedarf angemeldet. Harald fürchtete bereits, dass sie insgeheim entweder nach anderen Möglichkeiten sucht oder sich in die Familienplanung flüchtet.

Haralds Kollege stellt die Frage, mit der er bereits gerechnet hat: was er denn jetzt tun wolle. Werde er Kerstin mit dieser neuen Aufgabe betrauen, ja oder nein?

Harald ist trotz seiner vielen Ideen nicht wirklich ein Freund von Veränderungen etablierter Strukturen. In Kerstin und sich selbst sieht er ein eingespieltes Team, ja fast schon ein familiär freundschaftliches Duo. Sie ist seine rechte Hand, allerdings zugegebenermaßen eine mehrfach überqualifizierte. Er wird sie verlieren, das ist ihm absolut klar. Er hat diesen Gedanken einfach bislang immer von sich weggeschoben.

Weitere Fragen schießen durch seinen Kopf:

Ist jetzt der richtige Zeitpunkt, um intern so viele Veränderungen zu initiieren? Gibt es vielleicht doch eine Möglichkeit, Kerstin nicht zu verlieren? Gibt es eine andere Person, die diese Aufgabe gleich gut absolvieren könnte, wie seine Assistentin?

Doch je länger er darüber nachdenkt, desto besser gefällt ihm die Idee, Kerstin intern die Chance auf Entwicklungsmöglichkeit zu geben und sie als Geschäftsführerin der neuen GmbH zu installieren. Alles ist besser als sie an die Konkurrenz zu verlieren. Zudem weiß er, dass sie ihn weiterhin erfolgreich machen wird, ebenso wie er ja auch ihr Wissen zur Verfügung stellen wird. Und sollte in einem der beiden Büros zukünftig Not am Mann sein, wird man sich gegenseitig aushelfen können. Harald beschließt, Kerstin das Angebot zu machen und sie auch gleich auf die Nachfolge ihrer Position anzusprechen.

Deutlich wird, dass Harald seine Entscheidung kurzfristigen Zielen, wie die Büroorganisation oder laufende Projekte, untergeordnet hat. Oft ist es so, dass schwierige Entscheidungen, anhand kurzfristiger Zielhorizonte bemessen und dann eben doch nicht getroffen werden, obwohl sie langfristig die einzig sinnvolle Option gewesen wären. Das liegt daran, dass uns oft dafür Techniken fehlen, beziehungsweise wir die verkehrten Techniken anwenden: z. B. eignen sich Projekt-Ziel-Definitionen nicht für Entscheidungen, die einen kompletten Wandel im Berufsleben oder in der Lebenshaltung betreffen.

Geschäftsbeziehungen aufgeben

Eine der wohl wichtigsten Entscheidungen im Leben ist der des Berufswechsels. Ich kenne Dutzende von Geschichten, in denen Menschen totunglücklich mit ihrem Job sind, sie aber nicht den Mut, die Kraft oder den Optimismus aufbringen, etwas Neues zu wagen. Ehe man sich versieht, sind 30 Jahre vergangen und es hat sich noch immer nichts verändert. Im Laufe der Zeit wird es auch immer schwieriger, klare Stellung zu sich und seinen Wünschen zu beziehen. Die Kluft wird mit jedem Jahr größer und nur die Wenigsten haben den Mut, auch zu springen, so wie Wilhelm im nächsten Beispiel.

> **Beispiel**
>
> Wilhelm ist seit 25 Jahren in einem Unternehmen beschäftigt, dass er zusammen mit dem Gründer und Geschäftsführer aufgebaut hat. Nun hat dieser den Betrieb an seine Tochter übergeben, er selbst arbeitet nur noch an ausgewählten Projekten mit.
>
> Seit der Gründung des Unternehmens hat sich viel verändert: das Portfolio ist breiter geworden, Kundenanfragen werden erst ab einem bestimmten Volumen angenommen und alles muss immer schneller gehen.
>
> In einer Betriebsversammlung sagte die Tochter, zwar mit Augenzwinkern, dennoch sehr deutlich, dass insbesondere die älteren Beschäftigten jetzt schon einen Zahn zulegen müssen, wenn sie das Tempo halten wollen. Seitdem ist die Stimmung im Keller, und die ersten Mitarbeiter haben bereits ihre Kündigung eingereicht.

Auch Wilhelm überlegt sich, wie es mit ihm weitergehen soll. Angebote von anderen Firmen hat er genug, doch auch mit der Option der Selbstständigkeit hat er bereits geliebäugelt. Endlich mal öfter selbst frei entscheiden und keine Bauchschmerzen mehr haben, wenn er in sein Auto steigt und sich abends wieder auf den nächsten Tag freuen, das wäre schon was. Allerdings ist da die Sorge, ob er mit 50 tatsächlich eine eigene Firma gründen solle, zumal dann die Annehmlichkeiten des Telefondienstes, der Material-beschaffung und auch der Akquise wegfallen und alles wieder auf seinen Schultern lasten würde.

Immer wieder gehen ihm die alten Zeiten durch den Kopf, als er und Herbert die Firma zusammen aufgebaut haben und alles noch in Ordnung war. Sicher war nicht alles so professionell und automatisiert, aber anscheinend reichte es, um erfolgreich sein zu können. Und doch wäre es schön, noch mal etwas total Neues aufzubauen. Den Plan hat er ja bereits im Kopf, er hat ihn lediglich noch nie umgesetzt und Anfragen gibt es auch.

Wilhelm nimmt sich vor, den nächsten Konflikt mit der Tochter abzuwarten und dann mit dem Geschäftsführer zu sprechen und ihm von seinem Plan zu erzählen. Wer weiß, vielleicht kann man am Ende sogar im einen oder anderen Projekt kooperieren.

Dieses Beispiel zeigt, dass Wilhelm, wie so viele Menschen in einem aktuellen Beschäftigungsverhältnis, unglücklich sind und auf eine Stimulanz von außen warten, um eine finale Entscheidung zu treffen.

Was Wilhelm allerdings hilft, um seine Entscheidung tatsächlich zu treffen, sind dreierlei wesentliche Schritte:

1. Er ist sich seines Wunsches klar.
2. Er ist sich klar darüber, was er nicht möchte.
3. Er ist sich klar darüber, mit wem er es möchte.

Diese Kriterien unterstützen die Handlungsfähigkeit und den Erfolg, damit eine Entscheidung auch in die Umsetzung kommt.

> **Beispiel**
>
> Egal, ob beruflich oder privat – unser Leben ist von Beziehungen bestimmt und deshalb auch unsere Entscheidungen. Manchmal kommt es sogar zu Überschneidungen zwischen privaten und beruflichen Beziehungen, was die Entscheidungsfindung noch schwieriger macht.
>
> Machen Sie sich stets klar, weshalb Sie gewisse Entscheidungen einfach nicht treffen können. Steckt dahinter die Angst der Beziehungsveränderung zu einer anderen Person? Wenn dem so ist, hilft es im ersten Schritt, sich dies einzugestehen. Des Weiteren ist es notwendig, Veränderungen innerhalb bestehender Beziehungen auch zuzulassen, denn oftmals verändern sich die Bedingungen, auf Basis derer, Sie diese Beziehung begründet haben.

5.7   Entscheidungen von Führungskräften

Gerade im Businessbereich sind gar nicht alle Entscheidungen, tatsächlich getroffene Entscheidungen. Entscheidungen sind ja nur dann Entscheidungen, wenn ich sehe, dass sich eine alternative Wahlmöglichkeit auftut, die beide gangbar sind.

Oft genug steht aber eine scheinbare Entscheidung auf der Agenda. Sie ist lediglich als Entscheidung getarnt. ist und nur auf Legitimation durch eine Führungskraft, den Vorgesetzten erwartet. Solche Situationen können Führungsteams sogar lähmen, wenn einfach verschwiegen wird, dass es sich gar nicht um eine echte und ernsthafte Situation handelt. Das wird Entscheidungsträgern dann als Schwäche ausgelegt, obwohl sie gar nichts für die bestehende Situation können.

In Wirklichkeit handelt es sich um eine Agenda der nächsthöheren Führungsebene, um ein kommunikatives Missverständnis oder um eine Intransparenz im Führungsverhalten.

Beispiel

Um mehr Marktanteil zu bekommen, beschließt ein Unternehmen den Zukauf eines anderen. Der Merger ist bereits in Vorverhandlungen. Die Geschäftsleitung hat das Vorhaben bislang strikt geheim gehalten und lädt nun das mittlere Management zu einem Besuch in die andere Firma ein. Nach dem Besuch bittet die Geschäftsleitung um Feedback, die Manager sind eher verhalten, kritisch und bei der angedeuteten hypothetischen Kaufabsicht nicht begeistert. Als diese dann aber bestätigt werden, lehnt sich das Managementteam dagegen auf.

Die Führungskräfte fühlen sich ausgespielt in einem Deal, der ohne sie bzw. hinter ihrem Rücken gemacht wurde. Warum da noch diskutieren und Zeit für Feedback opfern, wenn die Verhandlungen offensichtlich schon gelaufen sind? Für sie steht fest: Sollte der Kauf vonstattengehen, werden sie weder die neuen Kollegen noch den Prozess an sich unterstützen. Sie haben schließlich Besseres zu tun.

Mehrdimensionale Entscheidungen

Oft genug stehen aber auch Führungskräfte multiplen Entscheidungen   d. h.   vielfältigen Entscheidungssituationen gegenüber: gerade bei Personalentscheidungen ist das so, wenn bei Leistungsdefiziten die Frage ist, ob jemand verwarnt oder entlassen, ob jemand in einer anderen Abteilung noch eine Chance bekommen oder durch Jobrotation, unter den Augen einer anderen Führungskraft, noch einmal inspiziert werden sollte.

Der Fehler, der zu dieser Situation führte, geschah in den meisten Fällen bereits im Vorfeld: Zu häufig wird zu spät reagiert oder die Weichen werden zu spät gestellt. Dadurch kommt es zu Gemengelagen, weil Führungskräfte zu viele Situationen haben auflaufen lassen, in denen sie kurzfristiger hätten entscheiden müssen, was sie langfristiger voraussehen hätten können.

Warum geschieht das dann nicht, obwohl es für alle Seiten vermutlich das Beste wäre? Schlicht und einfach aus Bequemlichkeit oder zumindest als Ausweichmanöver: kurzfristig fühlt es sich einfach entspannter an, im Betriebsalltag einmal etwas Ruhe zu haben, etwas auf morgen zu verschieben, nach dem Motto: „We cross the bridge when we come to it". Natürlich wissen die Entscheider, dass ein tatsächlich bequemerer Alltag sich dann einstellt, wenn sie früh entscheiden und sich wichtige Entscheidungen nicht aufstauen.

Mangelnde Achtsamkeit im Alltag und auch der fehlende Mut, führen zur individuellen Leistungsminderung. Einziges Steuerungselement dagegen ist, mit kleinen Dingen wieder Selbstvertrauen, Mut und Achtsamkeit, der eigenen Entscheidungskompetenz gegenüber, zu gewinnen.

> **Beispiel**
>
> Mike hat sein Startup vor fünf Jahren gegründet. Eigentlich kam er zu seinem eigenen Unternehmen wie die Jungfrau zum Kinde, doch konnte eher die cholerischen Anfälle seines früheren Chefs irgendwann wirklich nicht mehr ertragen. Zuvor hatte er ausgelernt und als einige seiner Mitarbeiter auf ihn mit der Idee zukamen, ein eigenes Unternehmen zu gründen, sagte er kurzerhand zu.
>
> Auch heute, im fünften Jahr nach der Gründung, hat er die Entscheidung, sich selbständig zu machen, kein einziges Mal bereut. Was ihm jedoch schwer fällt, ist die Auswahl und Führung von Personal. Irgendwie scheint es, als würde er immer wieder auf die Nase fallen bei diesen so wichtigen unternehmerischen Themata.

Das Arbeitsvolumen im Handwerk ist hoch, Mike sucht darum ständig neue Leute. Doch irgendwie gerät er immer an die falschen. Einmal wird er bestohlen, ein anderes Mal ist jemand langzeitkrank, der Dritte taucht am ersten Arbeitstag gar nicht erst auf. Mike muss zugeben, dass er stets unter Druck rekrutiert und bis zur letzten Sekunde mit der Suche nach Personal wartet. Dies ist für den Selektionsprozess suboptimal, da er sich sehr schnell entscheiden muss. Doch da bei ihm auch Kundenakquise, Beschwerdemanagement, Rechnungslegung und Weiterbildung auf dem Schreibtisch landen, haben seine Arbeitstage ohnehin fast 20 h. Ihm wächst alles über den Kopf.

Schon länger haben seine er und seine Mitarbeiter über ein strukturiertes Rekrutierungsverfahren diskutiert, über eine professionelle Vorselektion, über das Vieraugenprinzip, über strukturierte Interviews, etc.

Jedes Mal ist das Thema wieder auf die lange Bank geschoben worden, mit dem Hinweis darauf, dass man es dann anschauen würde, wenn es wieder akut wird. Und jedes Mal ist Mike wieder in die gleiche Falle getappt, hat den erstbesten Kandidaten vom Markt rekrutiert und ist damit auf die Nase gefallen.

Seine Assistentin hat dieses Mal aufgelistet, was die Fehleinstellungen und Folgekosten bislang gekostet haben. Im Teammeeting konfrontiert sie nicht nur Mike, sondern alle Mitarbeiter mit den Ausgaben für die drei vergangenen Fehlgriffe.

Sie rechnet vor: Ausschreibungen, Terminierung für Telefonate, Telefonzeiten für Bewerbergespräche, Terminierung für Gespräche vor Ort, Zeiten für Bewerbergespräche vor Ort, Ausstellung der Verträge, Einarbeitung, Schulungsunterlagen für Materialeinweisung, und so weiter. Diese Pakete müssen noch mal drei multipliziert werden, um das Gesamtergebnis zu erhalten.

Während sie vorliest, werden die Augen der Teammitglieder immer größer, und als sie auf eine stattliche Summe von über 60.000 € kommt, geht ein Raunen durch die Menge. Sie erwartet eine Entscheidung von Mike, dass Rekrutierungen ab sofort strukturiert und gezielt ablaufen.

Doch leider ist dieser geschockt und überfordert ob der vorgelegten Zahlen. Darüber hinaus hat er noch keine Alternative zu den bisherigen Prozessen zur Hand und außerdem steht ihm der Kopf sowieso woanders. Denn

> seit den letzten Fehleinstellungen sind Arbeitsdruck und
> Auftragsvolumen eher noch größer geworden, sodass er
> schnell zum nächsten Thema überleitet.

Wie hätte die Assistentin Mike besser unterstützen können?
Es wäre mit Sicherheit ein Termin unter vier Augen förder-
licher gewesen, um Mike mehr Reaktionszeit auf die
Konfrontation mit den Opportunitätszahlen einzuräumen.
In großer Runde, mit den Folgen einer mehrfach auf-
getretenen Fehlentscheidung, beziehungsweise Unterlassung
konfrontiert zu werden, ist für Unternehmerselbstständige
und Führungskräfte nicht leicht zu verarbeiten, geschweige
denn, kann ein unmittelbarer Kurswechsel erwartet werden.

Sicherlich spielt hier auch das Ego mit hinein, und all-
dem hätte die Assistenten vorbeugen können, um einer für
alle befriedigenden Lösung die Bahn zu ebnen.

Also: Einzelmeeting vor Teammeeting, wenn es um
nackte Tatsachen und die Forcierung von Entscheidungen
geht. Ein zweites ist die Entscheidung selbst: diese war
nicht gut vorbereitet. Wir haben gehört, dass in der Vergangenheit mehrfach über Alternativen gesprochen, diese
allerdings nicht beschlussfähig auf dem Tisch lagen. Also
ist es Mike nach wie vor unmöglich, angesichts der Vielzahl an Themen auf seinem Schreibtisch, für diesen
kleinen Baustein eine Entscheidung zu treffen.

Die Assistentin würde besser daran tun, Handlungsalternativen, d. h. einen Rekrutierungsplan vorzubereiten,
mindestens zwei mögliche Wege aus zu arbeiten und mit
Mike gemeinsam einen zu beschließen. Im Nachgang wäre
sie dann operativ die Ausführung verantwortlich.

Entscheidungsverlagerung vorbeugen

In der Praxis ist es häufig zu beobachten, dass Mitarbeiter
Führungskräfte mit Themen konfrontieren und unmittelbar eine Entscheidung erwarten, was de facto unmöglich

ist. Genau in diesen Situationen kommt es dann zur Entscheidungsverlagerung: Mitarbeiter erwarten von Führungskräften eine Entscheidung, über die diese sich nicht genügend informiert fühlen, Führungskräfte indes erwarten von Mitarbeitern entweder eine eigene Entscheidung oder mehr Hintergrundinformationen. Dies fühlt sich für Führungskräfte wie eine nicht geleistete Bringschuld an, die landläufig als Eigenverantwortung bezeichnet wird.

Anstatt über den Gegenstand der Entscheidung weiter zu diskutieren und zu einer Entscheidung zu kommen, wird über Verantwortlichkeiten und nicht eingebrachte Leistungen beider Parteien diskutiert. Es kommt zu einer Pattsituation, aus der beide Parteien meist unzufrieden herausgehen.

Die Resultate sind in der jährlichen Gallup Studie über Mitarbeiterunzufriedenheit nachzulesen, der zu folge die Einschätzung der Führungskräfte steht, dass 90 % aller Mitarbeiter nicht mehr eigenverantwortlich handeln. Das widerlegt auch die These von Thorsten Pachuca vom Max-Planck-Institut für Bildungsforschung in Berlin.

Der Bildungsforscher und Psychologe wollte nachweisen, dass Menschen allein auf Basis ihrer Intuition schneller, solidere und bessere Entscheidungen treffen als auf Basis ihrer oft übersteuerten Recherche.

In Wirklichkeit sabotiert die Kombination von zu hohem Druck und zu nah gelegenem Ziel, also der Verlust des übergeordneten Ziels, die Entscheidungsfähigkeit. Gerade bei Personalentscheidungen ist dies häufig anzutreffen. Selbst wenn Führungskräfte routinemäßig Rekrutierungsgespräche führen, diese aber unter dem Druck, dringend eine Stelle besetzen zu müssen, fallen Entscheidungen fast zwangsläufig auf die falsche Person. Darum ist die Strategie des „Hiring" keine Strategie, sondern allenfalls eine Taktik.

Das spricht nicht gegen das Bauchgefühl und ebenso wenig gegen die Beschäftigung mit dem Hintergrund eines Kandidaten (z. B. Background Check), es spricht einzig und allein gegen die Taktik der Rekrutierung aus der Not heraus, weil eine Stelle dringend besetzt werden muss.

In aktuellen Diskussionen Position beziehen

Die Diskussion um die Beschäftigung von Frauen, gerade in Handwerksbetrieben, ist seit Jahren akut und spaltet die Betriebe tatsächlich in zwei Lager. Sogar die Handwerkskammer selbst ist sich uneins, wie progressiv sie das Thema behandeln soll. Einerseits spricht man sich für die Frauenförderung aus und sieht auch die Notwendigkeit dieser Unterstützung, gerade angesichts von Nachwuchsmangel und Fachkräfteengpässen, andererseits führt die mangelnde Infrastruktur in Betrieben, wie etwa geschlechtergetrennte Toiletten, auch auf Baustellen, immer wieder zu hitzigen Diskussionen und damit am eigentlichen Kern des Themas leider vorbei.

> **Beispiel**
>
> Wie sich ein Dachdeckerbetrieb nicht nur um weibliche Beschäftigte, sondern auch um den Unternehmenserfolg bringt: Dachdecker H. hat den Betrieb seines Vaters vor Jahren übernommen. Das auf Schieferdächer spezialisierte Unternehmen florierte sehr lange, doch seitdem der Sohn in die Fußstapfen des Vaters getreten ist, stehen hohe Fluktuation und ständig unbesetzte Stellen an der Tagesordnung.
>
> Über die Marktbegleiter hinaus und bis in die Reihen der Kunden, ist der Handwerker als schlechter Chef verschrien. Tatsächlich haben ihn seine Vorarbeiter und alle Auszubildenden verlassen. Einzig Lisa ist noch da, die letzte Auszubildende, die selbst Tochter aus einem anderen Dachdeckerbetrieb ist. Ihr Vater ist, aufgrund einer Erkrankung, nicht mehr in der Lage gewesen, den Betrieb so fortzu-

führen, wie noch vor einigen Jahren, und deswegen steht es um den eigenen Betrieb schlecht.

Die Idee ist, Lisa in einem Fremdbetrieb lernen zu lassen und sie danach wieder das eigene Unternehmen übernehmen zu lassen. Doch sie leidet unter Dachdecker H. stark, denn auch sie spürt dessen Führungsschwierigkeiten.

H. arbeitet mit einem Betriebsberater, gerade was die eigenen Bilanzen und Investitionen angeht. Mit diesem spricht er auch über die Beschäftigung von Lisa, denn ihm ist es ein Dorn im Auge, sie zu beschäftigen. Schließlich kennt er ihre Zukunftspläne und weiß, dass sie nicht in seinem Betrieb bleiben wird. Er bildet seine eigene Konkurrenz aus und das bringt ihn um den Schlaf.

Mit dem Betriebsberater spricht er recht offen darüber, dass er sie eigentlich nicht beschäftigen möchte. Intuitiv hat er sich bereits gegen ihre Weiterbeschäftigung ausgesprochen, selbst wenn er dann allein auf weiter Flur dastehen würde.

Der Betriebsberater ist entsetzt, denn er sieht die Sachlage, aufgrund des gänzlich fehlenden Personals völlig anders. Sie diskutieren lautstark über dieses Thema: natürlich hat es Vorteile, Lisa weiter zu beschäftigen. Sie ist eine Ressource, die Arbeit verrichtet. Sie ist eine Frau und macht sich gut im Außenbild der Firma. Zu guter Letzt leistet sie auch einfach einen guten Job.

Trotz dieser vielfältigen Vorteile will der Dachdecker kein Einsehen haben. Sie wird seinen Ansprüchen auf Dauer nicht gerecht werden können, egal was sie auch macht.

Ihm ist aber auch klar, dass es Nachteile mit sich bringt, wenn er sie jetzt kündigen wird. Er wird höchstwahrscheinlich viele Abende damit verbringen müssen, Recruiting zu betreiben, um neue Mitarbeiter zu finden. Wer weiß, ob er überhaupt jemanden findet, der mit ihm arbeiten möchte. Mittlerweile weiß Dachdecker H. auch, dass es absolut rufschädigend sein wird, Lisa zu entlassen.

Aufgrund der Situation möchte er sie auf jeden Fall entlassen. Er kann doch nicht eine Frau für den Konkurrenzbetrieb ausbilden, also spricht er, trotz Mahnungen seines Beraters und seiner Frau, die Kündigung aus.

Lisa geht aufgrund dessen zum Arbeitsgericht. Da die Kündigung unbegründet ist, wird ihr Recht gegeben. Zwar verzichtet sie auf eine Weiterbeschäftigung, doch der Ruf der Dachdeckerfirma ist inzwischen so geschädigt, dass selbst massive Preisreduktionen und Versprechungen bei Kunden nichts mehr nutzen und sie sich nun gänzlich von ihm abwenden. Zwar macht es nun nichts mehr, dass er keine Mitarbeiter hat, doch wird er auch in Zukunft keine regionalen Aufträge mehr verzeichnen können, weil sein Ruf dementsprechend geschädigt ist. Die Situation zwingt ihn zu einem komplett überregionalen Geschäfts-Auftritt.

Allein im Jahr 2018 konnten deutsche Betriebe über 50 Mrd. € Umsatz, aufgrund falscher Personalplanung, nicht generieren. Zwar wird dies dem angeblichen Fachkräftemangel zugeschoben, doch Unternehmen wissen bereits seit 1996, dass sie ihre Unternehmensmarke stärken, ihre Führungskultur ausbauen und Mitarbeiter intern entwickeln müssen, um im Kampf um die Talente mithalten zu können.

Der Hays-Studie von 2020 zufolge, gibt es allenfalls in Nischenmärkten tatsächlich einen Fachkräftemangel und der betrifft ausschließlich die Ausbildungsgänge, die gänzlich neu sind, wie z. B. ganz spezielle IT und sonstige Kernkompetenzen, für die es noch nicht genug Absolventen gibt. Der Studie zufolge, ebenso wie Prof. Dr. Wegerich von der Universität Würzburg zufolge, leiden wir in deutschen Unternehmen nicht an einem Fachkräftemangel, sondern an einem Führungsmangel. Dieser, so Wegerich ist auch eine Folge unterlassener Entscheidungen in der Arbeit am Change Management und der Unternehmenskultur.

Prioritäten setzen
Komplexe Entscheidungen, wie Personalentscheidungen, sind keine Spontanentscheidungen. Sie entstehen im Rahmen eines Entscheidungsprozesses. Dieser nimmt dann den gewünschten Ausgang, wenn er mit der richtigen Fragestellung initiiert wird. In der Praxis sieht das jedoch anders aus.

Beispiel

Ein Bildungsinstitut für Erwachsene, dessen Hauptklientel aus Menschen besteht, die akut von Arbeitslosigkeit bedroht sind oder schon arbeitslos sind und in den Arbeitsmarkt reintegriert werden sollen, bot bislang Fortbildungskurse im Rahmen von Reintegrationsmaßnahmen an. Finanziert wurden diese Kurse von der Bundesagentur für Arbeit.

Die Geschäftsführerin des Bildungsanbieters nimmt regelmäßig an regionalen und überregionalen Sitzungen teil, um immer auf dem neuesten Stand im Arbeitsmarktkontext zu sein. Darüber hinaus ist sie auch bei politischen Veranstaltungen zugegen, um die zukünftige Entwicklung dieses Bereiches frühzeitig zu erkennen und noch besser einschätzen zu können. Darüber hinaus ist sie eine exzellente Netzwerkerin, die auf solchen Veranstaltungen gern gesehener Gast ist.

Doch nach und nach rücken in diesen Sitzungen bildungspolitische Themen in den Hintergrund. Datenschutz und Cybersecurity nehmen immer mehr Raum ein. Die Geschäftsführerin ist der Ansicht, dass sie sich mehr auf diese Themenfelder ausrichten und spezialisieren müsse, um ihre Institution auch in Zukunft gut positionieren zu können. Hier geht es natürlich nicht nur um die Positionierung an sich, sondern auch um eventuelle Fördergelder, die zu lukrieren sind.

Aus dieser Haltung heraus gründete sie innerhalb kürzester Zeit einen eigenen Geschäftszweig, der sich mit Datensicherheit als Lehrinhalte beschäftigen sollte. Organisatorisch jedoch ist noch überhaupt nichts vorbereitet. Es ist nicht klar, wer diesen neuen Zweig leiten soll, noch wer die neuen Lehrinhalte überhaupt entwickeln und anschließend lehren sollte. Das Bestandspersonal hat weder die Kapazitäten noch das notwendige Know-how, dies professionell umsetzen und betreiben zu können.

Als die Geschäftsführerin diesbezüglich mit ihrem Mann spricht, stellt er einen Kontakt zu einem ihm bekannten Personalberater her.

Dieser Kontakt erscheint ihrem Mann auch als kürzester Weg, geeignete Kandidaten für die neuen Themenfelder zu finden. Darüber hinaus könnte man zwei Fliegen mit einer Klappe schlagen, da der Personalberater gleich bei der Entwicklung des neuen Geschäftsmodells mitarbeiten könnte.

Seine Frau ist nicht überzeugt. Ja, sie sieht die Vorteile des breiteren Netzwerks eines Personalberaters, der Objektivität und der Erfahrung. Ihr selbst graut davor, endlose Namenslisten durchzugehen oder durchzutelefonieren. Doch für den Unternehmensaufbau, der Strukturierung und dem Aufbau von weiteren Netzwerken braucht sie eigentlich niemanden. Sie weiß sehr gut, wen sie sucht. Am liebsten ist ihr die kostengünstigste und schnellste Variante der Stellenbesetzung. Große Ausschreibungen sind nur teuer, verzögern den Prozess unnötig und bringen im Endeffekt eher wenig. Darüber hinaus muss ihr Bauchgefühl stimmig sein.

Sie beschließt darum, die Topberaterin ihrer bestehenden Firma in den Plan einzuweihen und um ihre professionelle Hilfe zu bitten. Diese weist auch ein fantastisches Netzwerk auf und siehe da – nach dem ersten gemeinsamen Telefonat, fällt auch schon ein Name, der für die Stelle geeignet wäre. Mit diesem kann sie auch noch am gleichen Abend ein erstes Telefonat führen.

Ihr Mann ist nicht besonders begeistert von ihrem Vorhaben, denn sein Vorschlag wird, vorerst, nicht in die Tat umgesetzt. Sollte jedoch der Deal mit der Empfehlung ihrer Topberaterin nicht zustande kommen (Plan A), kann die Geschäftsführerin noch immer den Berater ihres Mannes kontaktieren, der überdies für die Organisationsstruktur des neuen Zweiges auch zu einem späteren Zeitpunkt noch gute Dienste tun kann (Plan B).

Die spontane Idee der Geschäftsführerin bringt sie auch gleichzeitig in die Zwickmühle. Es gab keinerlei Vorbereitung für die Umsetzung der eigenen Ideen, weshalb sie unter Zugzwang kam. Gleichzeitig musste sie sich Gedanken machen, welche Eigenschaften ihr wirklich wichtig sind. Wenn dies klar ist, kann der Such- und Entscheidungsprozess gut zu Ende gebracht werden.

Wie demokratisch dürfen Entscheidungen ausfallen
Rudi ist angestellter Geschäftsführer eines mittelständischen Industrieunternehmens. Zuvor hat er in internationalen Konzernen gearbeitet. In den fünf Jahren in

diesem Unternehmen hat er beachtliche Entwicklungen initiiert. Beispielsweise hat er asiatische Handelsbeziehungen aufgebaut und gefestigt und das Kerngeschäft stabilisiert.

Doch dabei handelt es sich, wie bei so vielen mittelständischen Unternehmen, um ein kopierbares Produkt. Um den Betrieb, samt Mitarbeitern und die Wettbewerbsfähigkeit, aufrecht erhalten zu können, werden reine Ingenieursleistungen bei weitem nicht mehr ausreichen.

Was braucht das Unternehmen, um weiter erfolgreich am Markt bestehen zu können? Rudi organisiert ein Offsite-Meeting, um sich durch die Abteilungsleiter Anregungen zu verschaffen. Mehr Vertriebsleistung sei die Lösung, sagen die einen. Automatisierung gerade in Technik und Montage, sei die Zukunft, sagen die anderen.

In meinem anschließenden Gespräch mit dem erfahrenen Geschäftsmann und Unternehmenslenker wird schnell klar: das Unternehmen braucht weder eine reine Vertriebsverstärkung noch eine Montageverstärkung, sondern eine selbständige IT-Organisation, die alle Unternehmensprozesse optimiert. Doch das wird intern viel Unruhe stiften.

Was zeigt das Beispiel?

Rudi weiß aus der Erfahrung, dass die Reorganisation eines Betriebes bedeutet, dass alle Bereiche zusammenarbeiten und, hinsichtlich Optimierung, auf ein nächstes Level gebracht werden müssen. Ohne die Abteilungsleiter wird er einen solche Wandel kaum schaffen, also nutzt er die Diskussion der Organisationsentwicklung, um deren Innovationskraft und Beteiligung am Unternehmen zu fördern.

Diese denken noch sehr in Silos, Rudi jedoch möchte abteilungsübergreifende Zusammenarbeit fördern.

Er hat das, bis zu seinem Antritt, traditionell hierarchisch strukturierte Familienunternehmen stark umgebaut, Hierarchien abgebaut und mit Sensibilität, und dennoch mit sanftem Nachdruck den Mitarbeitern Eigenverantwortung übertragen. Ihm liegt vor allem an der Demokratisierung von Entscheidungsprozessen und daran, dass Führungskräfte auch eine Mentoren-Funktion für ihre Mitarbeiter übernehmen.

Mit einigem Stolz verweist er auf die stark gewachsene Ausbildungsleistung des regionalen Betriebes, mit den fast 200 Mitarbeitern. Rudi will Innovation und Kundenorientierung, statt Konvention, aber auch Struktur und Perfektion. Die Methoden und Vorzüge der Organisationsentwicklung und selbstlernenden Organisation, hat er im Konzern kennengelernt und, aufgrund der empirischen Alltagstauglichkeit, auch für sich übernommen. Die im mittelständischen Betrieb geforderten und geförderten demokratischen Diskussionen und Entscheidungen verlaufen oft zäher und mit weniger innovativem Ausgang als erwartet, was daran liegt, dass die kleinere und anders gewachsene Organisation eine andere kulturelle Historie hat.

Doch Rudi ist zäh und gibt nicht auf. Privat ist er Sportler und daher von Natur aus hartnäckig. Auch in brenzligen Situationen und Meinungsverschiedenheiten ist er der Familienmensch, der Teams zusammenhält. Seit er die Firma führt, ist die Fluktuation deutlich zurück-gegangen, Menschen fühlen sich wohl und können sich vorstellen, hier bis zur Rente zu bleiben.

Doch: wer hat in welcher Situation das letzte Wort? Das ist hier eine brisante Frage, und auch die Abteilungsleiter sind sich nicht so recht einig. Aus der Diskussion um die Agenda 2030 jedenfalls gehen sie eher mit dem Gefühl, dass das Offsite-Meeting zwar eine schöne Abwechslung gewesen ist, aber wohl folgenlos bleiben wird. Und als ich Rudi fragte, was nun mit seiner Entscheidung einer eigenständigen IT-Abteilung wird, die ja eigentlich eine Win-Win-Situation für Vertriebsoptimierung und Automatisierung darstellen würde, winkt er ab. Seine Begründung: IT liege aktuell in der Hand des technischen Leiters. Mit diesem einen Konsens zu erwirken, sei unmöglich. Es gelte also, andere Möglichkeiten zu finden. Und damit wird das Thema zunächst vertagt.

Die Unterdrückung, Zerredung und Vertagung intuitiver Entscheidungen kommt häufig vor, vor allem dann, wenn von Beginn an unterschiedliche Interessen/Wertesysteme gewahrt werden sollen:

Beispiel

Im Business sind viele Entscheidungen eher Situationen, die Entscheider zum Absegnen missbrauchen, was eher lähmt als förderlich ist. Gerade unter Druck lassen sich keine guten Entscheidungen treffen.

Personalentscheidungen verlangen nach einer neuen Routine, die jedoch zur Firmenkultur passen müssen und dementsprechend Zeit brauchen, um von allen akzeptiert zu werden. Wenn eine Firma in einem sehr hierarchischen System groß geworden ist, ist es kaum möglich, von heute auf morgen ein völlig neues System zu etablieren, welches das alte negiert. Schritt für Schritt muss diese Veränderung der Abläufe und Entscheidungsmuster inkulturalisiert werden, wenn man nicht auf zu viel Ablehnung stoßen möchte.

Endnoten

1. https://www.wissenschaftsmanagement-online.de/system/files/downloads-wimoarticle/1710_WIMO_Rollenstress_Jackenkroll_Julmi.pdf
2. Bohnet, Iris: What Works? Wie Verhaltensdesign die Gleichstellung revolutionieren kann, München 2017.
3. Gilbert Ebd.

4. Welch, Suzy; 10-10-10: 10 min, 10 Monate, 10 Jahre – Die neue Zauberformel für intelligente Lebensentscheidungen, München 2009

5. Hilfe bei der beruflichen Veränderung: Outplacementberater müssen steigende Anforderungen erfüllen: https://www.bdu.de/media/275275/studie-opb_anforderungenundtrends.pdf

6. Entscheidungen treffen – was soll ich tun? https://www.zeit.de/campus/2014/05/entscheidungen-treffen-stress-zufriedenheit/seite-3

7. Rückkehr zu neuem Wachstum: https://www.bain.com/contentassets/69f8324f949d45129c40a7bd2878b6ec/results2002_2010.pdf

8. Schimank, Uwe (2008): Double Talk von Hochschulleitungen. In: Wieland Jäger und Rainer Schützeichel (Hrsg.), Universität und Lebenswelt. Wiesbaden: VS Verlag, S. 154–172.

9. Fernbach, P. M., Sloman, S. A., St. Louis, R., Shube, J. N. (2013). Explanation fiends and foes: How mechanistic detail determines understanding and preference. Journal of Consumer Research, 39, 1115–1131.

10. Imdorf, Christian: (2010) Emotions in the hiring procedure: how 'gut feelings' rationalize personnel selection decisions, in: *Emotionalizing organizations and organizing emotions*. Houndmills: Palgrave Macmillan, S. 84–105.

11. Regina Schneider über die Studie von Robert Half: Der erste Eindruck zählt nicht: https://blog.iw-akademie.de/2016/05/03/der-erste-eindruck-zaehlt-nicht/

12. Kienbaum Vergütungsstudie für Geschäftsführer / Kienbaum Management Consultants GmbH

https://www.faz.net/aktuell/wirtschaft/karrieresprung-der-falsche-mann-wird-teuer-1258626.html

13. Gallup Engagement Survey 2016 https://www.steauf.de/wp-content/uploads/2017/11/Gallup-Engagement-Index-2016.pdf
14. Iris Surburg in: Handbuch Betriebsklima. Hr. v. Uta-Maria Hangebrauck. Klaus Kock. Edelgard Kutzner. Gabriele Muesmann München 2003, S. 47 ff.
15. Fisher, Helen: ANATOMY OF LOVE: A Natural History of Mating, Marriage, and Why We Stray, 2016
16. As Fisher says, "Someone is camping in your head." (Ebd.)
17. Damásio Antonio: Descartes' Irrtum: Fühlen, Denken und das menschliche Gehirn, München 2004.

6

Warum unsere Entscheidungen schwieriger und wichtiger werden

Die Beschäftigung mit Entscheidung, Entscheidungsfähigkeit und der Förderung von Entschlusskraft ist kein Selbstzweck. Dank der digitalen Technik erleben wir rasante Veränderungen auch in den Entscheidungsprozessen, und zwar in der Wirtschaft gleichermaßen wie in allen anderen Lebensbereichen: Endverbraucher vergleichen Angebote im Internet, dazu nutzen sie Preissuchmaschinen, recherchieren vor dem Kauf auf Bewertungsportalen und interagieren mit anderen Konsumenten.

Gleichermaßen intensiv werden Daten von Unternehmen genutzt, ob zur individualisierten Kundenansprache oder zum optimierten Einsatz und der Instandhaltung von Maschinen. Gerade vor dem Hintergrund der immer vernetzteren Welt gilt es, die Entscheidungskompetenz zu schärfen und anzupassen.

© Der/die Autor(en), exklusiv lizenziert durch Springer-Verlag GmbH, DE, ein Teil von Springer Nature 2021
J. Dahm, *Die Entscheidungs-Matrix,*
https://doi.org/10.1007/978-3-662-62375-6_6

Flexibilität ergänzt und ersetzt Stabilität: Diese Schlüssel-
kompetenz lässt sich mithilfe der Entscheidungsmatrix
trainieren, damit wir auch im technologiegetriebenen Zeit-
alter gut intuitiv-logisch agieren können.

Agieren oder reagieren
Mit der Fülle an verfügbaren Daten steigen auch die Entscheidungsmöglichkeiten. Gleichzeitig wachsen Unsicherheit und damit der Handlungsdruck, den Kunden auf
Unternehmen ausüben.

Dennoch unterschätzen Unternehmen diesen, wie
man etwa bei großen Kreditinstituten beobachten kann:
Während Großbanken digitale Geschäftsmodelle und
damit Kundeninteraktion viel zu spät angegangen sind,
konnten sich Online-Banken etablieren. Viele Startups
können all das leisten, was andere Banken auch bieten,
vom Wertpapierhandel über das Einlagengeschäft bis zur
Zahlungsabwicklung. Warum ist das so?

Herausforderungen beim Entscheiden – heute und in Zukunft

- Nach wie vor werden Recherche, Informationslage und
  die retrospektive Selbstbeurteilung als Basis zukunfts-
  orientierter Erwägungen genommen. Der Hang zur
  Perfektion bremst die eigene Agilität – was für Privatpersonen wie für Unternehmen gilt.
- Analytische Fähigkeiten zur Beurteilung aller zur Verfügung stehenden Informationen sind wichtig, werden
  aber überbewertet oder nicht an Aktionsziele geknüpft.
  Das heißt: Rechercheergebnisse werden ausgewertet,
  nicht aber in Handlungsziele übersetzt.
- Unternehmen müssen schneller werden und sollten
  sich Zeitspannen und Zeitziele setzen, binnen derer
  Ergebnisse erzielt werden müssen.

Mit Krisen rechnen und gewappnet sein

Allein das aktuelle Jahrtausend stellt Wandlungsfähigkeit und persönliche Resistenz auf den Prüfstein. Ob der durch 9/11 ausgelöste weltweite Schock und die dadurch resultierende Dotcom-Blase, der globale Finanzcrash 2007, die noch immer andauernde oder wieder aufflammende Eurokrise, die Immobilien-Blase und etliche anstehende Gesundheitsreformen bis hin zur aktuellen Covid-19-Pandemie, gefolgt von den noch immer unterschätzten Umweltbelastungen: Die Liste ist beinahe unendlich weit fortzuführen. All diese Ereignisse sorgen für einen globalen Entscheidungsdruck.

Cathleen Sutcliff, Professorin an der Universität von Michigan USA, arbeitet mit Unternehmen zusammen, deren Aufgabe in der besonderen Sicherheit, der langfristigen Planung und Stabilität besteht. Das sind beispielsweise Kernreaktoren, Fluggesellschaften etc.

Sutcliff hat fünf Felder identifiziert, wie diese Unternehmen die Arbeit mit dem Unerwartbaren und den Risiken meistern.[1] Sutcliff betont, dass Krisen nicht aus dem Nichts kommen, sondern daraus resultieren, dass sie in einem Frühstadium von Entscheidern unterschätzt werden bzw. diese eine falsche Entscheidung treffen. Meist beurteilen diese, anhand absoluter Zahlen („outcome bias"), und genau das machen die High-Risk-Organisationen (HRO) eben anders. Die Covid-19-Pandemie ist dafür auch ein gutes Beispiel. Hier wurden viele Staaten sehr kritisiert, weil sie zu spät auf die Warnmeldungen aus China, aber auch auf die jahrelange wirtschaftlich selbstverantwortete Abhängigkeit von Asien reagierten. Folge sind Engpässe hinsichtlich Schutzkleidung, Medikamente, Produktionsmittel etc. Der Bewertungsmaßstab wurde in der Vergangenheit falsch gesetzt, zum Beispiel dass unsere Supply Chain (Lieferketten) in ungebrochener Abhängigkeit Bestand haben würden.

Durch folgende Punkte unterscheiden sie sich:

Wie entscheiden Krisenmanager?

- Die Konzentration auf Fehler – gearbeitet wird an allem, was schiefgehen und von der Zielerreichung abhalten könnte. Im Gegensatz zu vielen Unternehmen, die sich mit 80 % zufriedengeben, ist hier nur die absolute Trefferquote das Erfolge-Feiern wert.
- Eine Abneigung gegen vereinfachende Interpretationen – gerade, wenn es um komplexe Zusammenhänge geht, sollen die auch bis ins kleinste Detail verstanden werden. Die Tüftler werden den „Big Picture Managern" vorgezogen, um Fehlerquellen vorzubeugen und Innovationen zu antizipieren.
- Sensibilität für betriebliche Prozesse – Lieferengpässe, Produktionszeiten, Beschwerdemanagement, Vernetzung aller Schnittstellen – noch immer herrscht in vielen Unternehmen Silodenken, anders in den HRO.
- Streben nach Flexibilität – Agilität, flache Hierarchien, Vernetzung von Systemen und Digitalisierung. Diese Aspekte sind notwendig und werden grundvorausgesetzt. Da sind die meisten Mittelständler – ca. 81 % – noch weit entfernt.
- Hochachtung vor fachlichem Wissen und Können – keine Abteilung, keine Know-how-Träger sind besser als der andere, ständig auf der Jagd nach den besten Talenten, sensibel für kontinuierlichen Wissenserwerb.

Diese fünf Punkte lassen sich auf jedes andere Unternehmen, auch auf Ihres, übertragen. Dabei gilt es, sich für den Anfang im Kleinen zu entscheiden, statt an einer Überforderung durch alle Punkte zu scheitern.

Kooperieren!
Nicht nur privat ist die Partnerwahl von entscheidender Bedeutung, auch in Geschäftsbeziehungen und für den beruflichen Erfolg sind Kooperationen ausschlaggebend.

Ressourcendefizite können ausgeglichen werden, Kräfte gebündelt, Märkte durchdrungen, und auch an Strahlkraft kann gewonnen werden – das bedeutet am Ende auch, den Kunden Entscheidungshilfen an die Hand zu geben.

Folgende Schlagwörter in diesem Zusammenhang kennt jeder: „Gemeinsam mehr erreichen, höhere Marktdurchdringung, Kompetenzen bündeln, gemeinsam statt einsam etc.". Die Motivation zur Kooperation können vielfältiger Natur sein. Uns Menschen scheint das Kooperieren in den Genen zu liegen, wie schon Joachim Bauer in seinem Bestseller: „Das kooperative Gen: Evolution als kreativer Prozess" feststellt.

„Doch bedeutet die Transformation, dass heute Handwerksmeister ebenso zum ‚digital Leader werden', wie die Führungskraft in einem DAX-Unternehmen? Das schafft niemand mehr allein."[2].

Unternehmen wie Henkel KGaA gehen gezielt Kooperationen mit Startups ein, denn in den festgefahrenen Strukturen und der großen Verantwortung für hohen Umsatz haben Kreativität und Schnelllebigkeit junger Gründer häufig keinen Platz. Umgekehrt tun diesen das geschliffenen Projektmanagement, die Internationalisierung, die „große Denke" gut – solange sich keine der beiden Seiten einengt, profitieren beide voneinander.

Nicht immer müssen sich David und Goliath treffen, so können auch Kollaborationen von Handwerk und Digitalisierung stattfinden oder die Fusion von völlig komplementären Unternehmen.

Entscheidend ist der Nutzen für den Kunden: Insbesondere bei nach außen gerichteten Kooperationen (also bei Kooperationen, die auf Kundengewinnung bzw. auf den Markt gerichtet sind) muss sich der Nutzen für die Kunden aus der Kooperation selbst ergeben.

> **Beispiel**
>
> An einem Ort mit 6000 Einwohnern sind drei Heizungs-
> bauer ansässig. Durch die Bestrebungen der Regierung zur
> Senkung von Emissionen, herrscht Verunsicherung hinsicht-
> lich der Zukunft des Heizens. Viele Bürger fragen Angebote
> an. Die Konkurrenzbetriebe unterbieten sich gegenseitig,
> um Abschlüsse zu erzielen und bremsen das Tagesgeschäft
> durch das anfallende Volumen an Administration. Natür-
> lich treffen Kunden kaum eine tatsächliche Entscheidung,
> da die Auflagen der Regierung in weiter Ferne liegen.
> Die Kunden möchten sich nur informieren und im Fall
> des Falles eine Orientierung zur Verfügung haben. Hinzu
> kommt, dass die Betriebe unterschiedliche Schwerpunkte,
> Überschneidungen und Herausforderungen haben. Nur
> einer von ihnen hat auch tatsächlich einen Nachfolger.

Hier liegt es nahe, die unternehmerische Perspektive zu
wechseln und aus Kundensicht Kooperationen zu bilden.

- Bewusstsein schaffen: Bedeutung der Heraus-
  forderungen in Zukunft verstehen:
  - Administration, Kundenverwirrung, Personal, Nach-
    folgermangel.
- Überzeugung der Unternehmer: Zusammenarbeit not-
  wendig:
  - Klarheit für den Kunden über Angebot und
    Betreuung statt Konkurrenz und Unterbietung.
- Engagement zeigen: Entscheidungsmatrix anwenden:
  - Zusammensetzen, Vorteile, Nachteile, Kunden-
    nutzen ausdiskutieren.
- Entschlusskraft entwickeln und vorausdenken:
  - Zukunftsszenarien entwickeln und visualisieren.
- Kommunikation und Angebot:
  - Kunden informieren und abholen.

Diese Entscheidungskriterien unterstützen Kooperations- und Nachfolgepläne:

- Eigene Schwächen analysieren und bei der Partnerwahl systematisch vorgehen:
  Hapert es in den Themenkomplexen Wachstum, Portfolio, Personal oder Strategie? Oft behaupten Unternehmen, dass es „allen in der Branche gleich gehe", doch ist das wirklich so? Fusionen kommen zustande, um Kräfte zu bündeln und Schwächen auszumerzen oder Verbrauchertrends entgegenzukommen.
- Timing:
  Zunächst: DEN perfekten Zeitpunkt zum Treffen von Entscheidungen gibt es nicht. Gern herangezogen wird das Entscheidungsverhalten von Schachspielern anhand von Schachcomputern, um komplexes menschliches Denken zu analysieren.
  Anhand von 3- bis 15-minütigen Spielen und bis zu 40 Spielzüge hat man 184 Schachspieler analysiert. Der Datenpool des Free Internet Chess Servers (FICS) war daher als Analysegrundlage perfekt geeignet, da er den Forschern erlaubte, mit zeitlich gemessenen, richtigen und falschen Entscheidungen, nicht nur die Zeitdauer zu studieren, sondern auch die Qualität der Entscheidungen zu verschiedenen Tageszeiten.
  Ergebnis: Sowohl Früh- als auch Spätaufsteher treffen komplexe Entscheidungen morgens zwischen 9 und 13.00. Die Forscher fassen zusammen: „Wenn wir wissen, dass wir morgens langsamer sind, aber unsere Entscheidungen genauer – und am Nachmittag [umgekehrt], können wir entscheiden, wann wir wichtige Entscheidungen treffen müssen – je nachdem, was für diese Entscheidung relevant ist."[3]

Das hilft aber nur für tagesrelevante Entscheidungen. Wie sieht es aus mit mittel- und langfristigen Entscheidungen?

Beispiel

Ulli ist Unternehmer und führt einen 15-köpfigen Betrieb. Seine Waren vertreibt er auch ins Ausland, seine Montagearbeiten sind bekannt und begehrt. Seit Jahren schiebt er ein unliebsames Thema vor sich her: die Generalvollmacht für seinen Betrieb, nebst Patientenverfügung (PV) und Vorsorgevollmacht. In Deutschland haben derzeit 27 % aller 45- bis 59-Jährigen eine PV, 58 % tragen sich mit dem Gedanken, in nächster Zeit eine zu verfassen (Quelle: Statista 5.2020). Bei Ulli wäre es besser gewesen, denn als er auf einer Dienstreise wegen akuter Koliken ins Krankenhaus kommt und nach einer Operation darauf ins Koma verfällt, lautet die Diagnose Krebs im Endstadium.

Kontinuität wird überschätzt, wir halten uns für unendlich. Gleiches gilt für Kontrolle und Macht. Die Entscheidungsmatrix erlaubt hier, Intuition (Ich will keine Patientenverfügung) an den Nachteilen (Aspekten, die wir nicht kontrollieren und nicht in unserer Macht liegen) zu spiegeln. Spätestens dann gewinnen wir auch zu unliebsamen Themen (Nachfolgeplanung, Ressourcenplanung etc.) eine gesunde Distanz und kümmern uns.

Vorsicht Disruption!
Menschen empfinden Komplexität meist linear, als ein stetig wachsendes Zuviel, das ist aber nur bedingt richtig. Komplexität entsteht mehrdimensional und ist deshalb nicht mit einem steil wachsenden Stapel Akten auf dem Schreibtisch vergleichbar, eher mit einer ungleich schnell wachsenden Anzahl an Schreibtischen in einer ungleich schnell zunehmenden Anzahl an

Unternehmensstandorten, die nicht offensichtlich, aber doch miteinander zusammenhängen. Und die Ursachen für Komplexität, insbesondere die stetige Zunahme von Komplexität, liegt in eben diesen zwei Aspekten:

1. in der Anzahl der Systemelemente,
2. in deren Wechselwirkung untereinander.

Entscheiden wir nicht früh genug, hier zu steuern, reguliert der Markt das Problem und die Industrie ist weg. Bekannte Beispiele gibt es derer viele, etwa Kodak, den Walkman, Nokia etc. Mit der Zunahme der Digitalisierung beschleunigt sich dieser Prozess auch massiv. Ideen, die heute noch gut klingen, können morgen schon nicht mehr marktfähig sein.

Führe Dich und andere gut – der Kanal ist egal
Die derzeit aktuelle Diskussion um den Distant-Leader, die virtuelle Führungskraft, akzentuiert die falschen Aspekte, denn: mehr Zeit und schnellere Antwortzeiten, weil alles per E-Mail funktioniert? Souveräner, weil aus dem Cockpit des Homeoffice kommuniziert wird? Mit einem Mal funktionierende Teams, weil die Gesichter auf dem Zoom Bildschirm strahlen? Ein Gefühl der Nähe, weil die Topfpflanze auf dem virtuellen Hintergrund blüht?

Kommunikation, Klarheit und Konfliktverständnis zählen zu den Kompetenzen jeder Führungskraft und sind über jeden Kanal zu bewerkstelligen, ob im direkten Kontakt oder über den digitalen Kanal in der Matrixorganisation. Gewiss werden die Herausforderungen des virtuellen Arbeitens und darüber hinaus des virtuellen Führens zunehmen. Worin die Engpässe bestehen, hat aber weniger mit der Distanz als vielmehr mit der Führungsschwäche an sich zu tun.

- Persönlichkeit im Kontakt wird dem Funktionieren und der Effizienz von Teams, bei zunehmender Gewichtung von Geschwindigkeit, untergeordnet. Das lässt unterschiedliche Denk-, Arbeits- und Persönlichkeitsstile außer Acht und birgt Konfliktpotenzial.

- Konflikte werden und wurden auch in der Vergangenheit nicht gut behoben. Führungskräfte sind in der Regel Problemvermeider und keine Mediatoren. Das wird sich bei den Konflikten rächen, die auf Distanz erst ausgeblendet werden, um dann verspätet, dafür mit noch mehr Wucht, ausgetragen zu werden.

- Dem kann durch Klarheit, gute Kommunikation und gemeinsame Regeln vorgebeugt werden: zum Beispiel, indem Störfelder und persönliche, wie auch Teambelange, sofort angesprochen werden. Ebenso hilft Delegation. Die Führungskraft muss sich um das Zusammenspiel kümmern, wie der Dirigent um das Orchester[4], was gegebenenfalls nicht ein paralleles Wirken an beliebig vielen operativen Aufgaben erlaubt.

- Das spricht das nach wie vor größte Problem der mangelnden Führung an:
Führungskräfte – vom Solopreneur bis zum Manager in der Matrixorganisation – haben zu wenig Struktur, zu wenig Vertrauen und zu viel Kontrollsucht.

- Verstärkt wird diese Tendenz durch die immer facettenreichere Arbeitswelt, verschiedener Arbeitsmodelle und zunehmender Kulturenvielfalt. Noch immer herrscht die „Sucht, alles managen zu wollen", was sich bereits in den Begrifflichkeiten widerspiegelt: Diversity Management, Female Leadership Management, Young Talent Management etc.
Tatsächlich maskiert die Terminologie nur die Unfähigkeit, Entscheidungen zu treffen und Gegebenheiten praktikabel und klein zu halten, statt aufzubauschen.

Die Entscheidungsmatrix kann dabei helfen, hier zu simplifizieren, zu praktikablen Lösungen vorzudringen und immer wieder zu fragen, worin Zeit und Energie am besten investiert werden, um agil und zukunftsfähig zu bleiben. Dabei gilt: Kompetenz schlägt Hierarchie.

Und wie sind Einzelpersonen betroffen?

Erfinde Dich neu! Berufswahl zwischen Selbstverwirklichung und sozialem Beitrag
Nicht nur Christoph Keese (Autor des Bestsellers „Disrupt Yourself") hat die Radikalität der sich auflösenden Berufsbilder und Erwerbsbiografien proklamiert. Schon heute sind viele Erwerbstätige mit der Neudefinition ihres weiteren Lebensverlaufs und ihrer Karriere konfrontiert, die sich nicht fortführen lassen aus dem ehemals absolvierten Studium, der abgeschlossenen Ausbildung oder der praxisfundierten Erfahrungen.

So referiert die ZEIT aus „The Future of Jobs Report 2018" die Erwartungen von Top-Managern und Personalchefs aus gut 300 Unternehmen, dass zwar voraussichtlich 75 Mio. Jobs weltweit wegfallen – aber auch 133 Mio. neue entstehen werden.

Das „Erfinde dich neu" wird zum Überlebensmotto. Wie treffen wir Entscheidungen auf dem Weg zum neuen Ich? Dies ist mit Sicherheit ein Prozess auf mehreren Ebenen, bei dem Parameter wie die Beziehung zur Familie, zu Mitmenschen und zu sozialen Gruppen eine große Rolle spielen werden.

Weiterhin werden wir versuchen, mehrere Ebenen des Lebens wie Freizeit, persönliche Vorlieben, Umfeld und Lebensstil miteinander zu verknüpfen. Doch die inhaltliche Frage wird bleiben: Was soll ich tun, wie gestalte ich meinen Lebensverlauf, wie reproduziere ich mich in sozialen Strukturen?

Entscheidungsfähigkeit ist also ein Schlüsselfaktor, nicht allein, um eine Wahl aus sich anbietenden Möglichkeiten treffen zu können. Vielmehr ist sie Voraussetzung, um alle notwendigen Facetten (bereits erlernte Methoden, erworbene Kompetenzen, eigene Werte, neue Inhalte etc.) zu verknüpfen und immer wieder einen Chancenblick und Entschlusskraft zu entwickeln.

Dies gilt für Unternehmer, Selbstständige wie auch für den (ehemals) Angestellten: anstatt in einer Sache herausragend zu sein oder fachlich tiefenfundierte Kenntnisse zu erwerben, kann es sinnvoll sein, zumindest angrenzendes und komplementäres Wissen aufzubauen.

Mindestens so wichtig ist die Kompetenz der Lernagilität. Darin sah Dave Ulrich sicher als einer der Vorreiter die „neue Antwort auf radikale Veränderungen". Bereits 1996[5] artikuliert Ulrich, dass insbesondere Personalabteilungen, aber eigentlich Unternehmen an sich, die in Verwaltungs- und Dienstleistungsabteilung gegliedert sind, ausgedient haben, sofern sie den Wandel nicht vorantreiben. Diese Organisationsveränderung und auch den Kapazitätsaufbau müssen Organisationen aktiv und mit Entschlusskraft vorantreiben, anderenfalls würden sie nicht die notwendige Weiterentwicklung leisten können und als Unternehmen zurückbleiben.

Mangelndes Vertrauen in Faktenrelevanz von Medien und Statistiken

Gerade die jüngsten Ereignisse im Zuge der Corona-Pandemie haben zu einem deutlichen Vertrauensverlust der Medien geführt. Menschen als Individuen brauchen Entscheidungsstrategien im Umgang mit Medien und Informationsquellen, um gute Entscheidungen treffen zu können. Insbesondere dann, wenn Informationen in nur begrenztem Umfang zur Verfügung stehen, wenn der Wahrheitsgehalt von Quellen unsicher oder zweifelhaft ist oder wenn Informationen selbst disruptiv sind und schon überholt sind, bevor sie überhaupt verbreitet sind.

So hat sich Roberto Rigobon, Ökonomieprofessor am M.I.T. zusammen mit seinem Doktoranden Alberto Cavallo mit der Reaktion von Menschen auf Inflationsraten in seiner Heimat Argentinien beschäftigt. Anlass dafür war, dass die Argentinier sich über massiv steigende Preise beklagten, die Regierung aber sinkende Inflation verlautbarte. Rigobons und Cavallos umfängliche Untersuchungen ergaben dann allerdings geschönte Zahlen und die Inflationsrate war um ein Vielfaches höher als angenommen und kommuniziert. „Viele Menschen, selbst Ökonomen, verstehen nicht, wie leicht es ist, Statistiken zu fälschen" sagt Rigobon, „und wie schwer es ist, Betrug nachzuweisen".[6]

In genau diesen Fällen unterstützt die Entscheidungs-matrix bei der intuitiv-logischen Auswahl und Ent-scheidung. Sie hilft bei der Klärung folgender Fragen:

- Welche Information ist in diesem Moment für mich relevant?
- Traue ich Quelle A oder Quelle B?
- Welche Vor-/Nachteile bringen beide mit sich?
- Welche sind für den Moment für mich von geringerem Nachteil?
- Wenn ich irre, die Quelle sich als falsch erweist, die Information sich als Fehlinformation erweist, was mache ich dann (Plan B)?

Lernen, Beurteilen, Investieren

Ob es nun um die Ausbildung oder die Geldanlage geht, heute und in Zukunft werden Menschen sich vor ihrer Wahl über die Lektüre von Quellen informieren, mit Erfahrungsträgern austauschen und Informationen mit eigens gemachten Erfahrungen abgleichen. Angesichts der zunehmend rasanten Entwicklung und Fülle von Wahloptionen werden zwei Diskrepanzen zunehmend größer:

- Die Diskrepanz zwischen Beschreibung und Erfahrung: Beschreibungen von Entscheidungen werden an Relevanz verlieren. Sie dauern, angesichts der Fülle von Ereignissen, einfach zu lang.
- Darum tendieren wir zu erfahrungsbasierten Entscheidungen, wie sie heute bereits durch sternebasierte Ratings in Online-Shops, Gastronomieführern etc. geschieht. Noch stimmen die Bewertungskriterien selten mit unseren eigenen überein, doch ist diese Lücke zwischen Fremd- und eigener Bewertung und darauf basierender Entscheidung nur mehr temporär: Es wird bereits heute als deutlich höheres Risiko empfunden, ein schlecht bewertetes Restaurant zu besuchen oder einen weniger gut gelisteten Artikel zu kaufen.
- Die Diskrepanz zwischen Handlungsfähigkeit und Passivität: Ob es nun der technologische Wandel im Supermarkt, das Internet der Dinge oder die jeweils nächste Smartphone-Generation ist, bereits im Alltag wird uns abgefordert, „on track" zu sein. Nicht nur im Berufsalltag gilt Leistungsdruck. Manchmal ist es verführerisch, sich gehen und alles an sich vorbeiziehen zu lassen. Umso entscheidender: Den eigenen Fokus auf die wichtigen Themen nicht zu verlieren und gerade das digitale Lernen nicht zu vernachlässigen, um anschlussfähig zu bleiben.

Dank besserer Kontrollmöglichkeiten, medizinischer und technischer Möglichkeiten, wird die Welt zunehmend sicherer. Der 3D-Druck wird es ermöglichen, den Endverbrauchermarkt zunehmend vom limitierten Ladenangebot zu entkoppeln. Gab es früher ein begrenztes Größen-,

Farb- oder Formensortiment, sind für jedes denkbare Teil bald keine Grenzen mehr gesetzt. Um sich im Schlaraffenland zurechtzufinden, muss der Mensch allerdings wissen, was er will – heißt binnen Sekunden klare Entscheidungen zu treffen, was über bloße Kaufentscheidungen weit hinausgeht.

Forschungen untersuchen die altersbedingten Veränderungen der kognitiven Kernfähigkeiten auf die Qualität von Entscheidungen.[7] Die Ergebnisse zeigen, dass je früher Intuition und Ratio, etwa mithilfe der Entscheidungsmatrix trainiert werden, desto souveräner können schon junge Menschen über maßgebliche Fragen entscheiden, ohne in allzu langer Recherche, in Unsicherheit oder eben im Entscheidungsdilemma zu verharren.

Bei aller Schnelllebigkeit sollten wir zwei Parameter nicht aus den Augen verlieren:

- **Mittelfristige Zeit- und Entscheidungszyklen stärker gewichten.**
- **Perspektivenwechsel: Aus der Brille des Kunden/ Partners/Empfängers auf unsere möglichen Entscheidungen schaue.**

Beispiel

Noch immer sind wir es gewohnt, einen Arbeitstag nach hereinkommenden Ereignissen zu strukturieren und allenfalls nach dem Eisenhower-Prinzip „dringend-wichtig-kann weg" zu priorisieren. Doch lässt das kaum Zeit zum intuitiv-logischen Agieren.

So können Entscheidungspläne, Delegationspläne, Aufgabenverteilung bis hin zu Behandlungspläne im Wartezimmer beim Arzt und Montageplanung, inklusive Mitbestimmung der Monteure beim Handwerker, Erleichterung bei Entscheidungen bedeuten, weil sie aus der anderen Perspektive gedacht haben.

Sich selbst hinterfragen

Die Entscheidungsmatrix und deren starke Gewichtung von Intuition sowie Trennung der logisch-faktischen Argumentation bewahrt auch davor, stets nur die eigene vorgefertigte Meinung zu verargumentieren. In der Forschung nennt man das „Post-Hoc-Argumentation" oder defensives Entscheiden: Auf eine vorgefertigte Meinung, z. B. die Personalentscheidung zugunsten des Schwiegersohns, werden im Nachgang der Betrachtung Gründe gegen alle anderen Kandidaten gefunden, um die Entscheidung zu rechtfertigen. Doch sind zukünftige Entscheidungen zu wichtig, als dass wir unsere eigene Meinung als gegeben annehmen oder uns vordergründig beschwichtigen sollten, z. B.:

- Roboter werden meinen Job nicht ersetzen können (ist dies tatsächlich so?).
- Mein Job ist krisenfest.
- Der Kollege wird sich nach dem Konflikt schon wieder beruhigen.
- Mutter hat doch kein Alzheimer.
- Etc.

Die Entscheidungsmatrix erlaubt hier, gerade durch die Betrachtung Pro-Contra-Argumentation aller Alternativen, sich mit der eigenen Meinung so auseinanderzusetzen, dass es keine Angst machen muss, sich selbst vom Gegenteil zu überzeugen.

> **Beispiel**
>
> Ulla will ihren Job bei der Hochschule aufgeben und sich ganz eigenen Projekten widmen. Ihr ist die Arbeit an der Akademie zu administrativ geworden, die Auflagen zu zeitaufwändig. Die Kündigungsfrist naht, das Schreiben ist verfasst. Sie zögert noch wegen der finanziellen Sicherheiten

und schaut sich Vor- und Nachteile der Entscheidung noch einmal an.

- Intuition: Kündigen
- Vorteile Kündigung versus Vorteile Hochschule: Freiheit/Projekte/Abwechslung gegenüber finanzieller Sicherheit/Status/Wirtschaftskontakte/Spaß mit den Studierenden
- Nachteile Kündigung versus Nachteile Hochschule: finanzielle Unsicherheit/Akquiseaufwand/Unverständnis bei Familie und Freunden versus zeitkonsumierendes Angestelltenverhältnis
- Abwägung Nachteile versus Nachteile: Kündigung aktuell noch nicht der richtige Zeitpunkt
- Plan B: Kündigung zum nächsten Semester, bis dahin fokussierter arbeiten und eigene Projekte, in Kooperation mit Wirtschaftskontakten der Hochschule, akquirieren, da kein Wettbewerbsverbot besteht.

Exponentiell denken

Unser Gehirn, genauer das zentrale Nervensystem, ist nicht dazu angelegt, in Varianzen zu denken. Darum fällt es uns leichter, von der Vergangenheit auf die Zukunft zu schließen (Assoziation) und lineare Verknüpfungen (lineare Modelle) herzustellen. Sprich: bei Entscheidungen, gerade unter Druck, schauen wir in den Rückspiegel und schließen auf die Fahrt, die vor uns liegt.

Wir bilden nichts anderes als pseudo-logisch-lineare Verkettungen von der Vergangenheit über die Gegenwart in die angenommene Zukunft, um uns in irgendeiner Weise sicher zu fühlen: Das war früher so, das wird auch weiter so sein. Dazu korrigieren wir noch mit der Kraft des Vergessens: Wir fälschen und verschönern Erinnerungen, um die Gegenwart positiv zu bewerten und das Bild der Zukunft automatisch zu optimieren. All das geschieht allerdings nur, solange wir der Linearität (Future Bias)[8] unterliegen. Sie kennen bestimmt den

Spruch vieler älterer Mitbürger: „Früher war alles besser!".
Dies entspringt genau oben erwähntem Phänomen der
Romantisierung der Vergangenheit.

Beispiel

Bei der Kandidatur zu einer Bundesmeisterschaft sagt die
Anwärterin, dass sie sich vorbereite wie auf die Landesmeisterschaft. Diese habe sie schließlich auch gewonnen,
obwohl sie nur den zweiten Platz angestrebt habe. Also
wird es dieses Mal genauso funktionieren. Doch als es zu
den Vorentscheiden für die Bundesmeisterschaften kommt,
wird sie nicht einmal für die Vorrunde berücksichtigt.

Was ist geschehen? Die Kandidatin hat fälschlicherweise angenommen, dass es „nur" des gleichen Aufwandes
und mentalen Einsatzes bedarf, eine Bundesmeisterschaft
zu gewinnen wie eine Landesmeisterschaft. Zudem hat
sie vergessen, dass die Vorbereitung bereits auf die letzte
Meisterschaft mit Strapazen und unermüdlichem Trainingsaufwand verbunden war, worüber der unverhoffte Sieg
dann allerdings hinwegtäuschte.

Das heißt, sie hat die präsenteren Glücksgefühle und
den Eindruck des leichten Gewinnens beim Anvisieren des
zweiten Platzes übergewichtet, die Relation zum sehr viel
ambitionierteren Ziel untergewichtet und beides linear verknüpft.

Was bedeutet exponentielles Denken: „Hierzulande musst
du so schnell rennen, wie du kannst, wenn du am gleichen
Fleck bleiben willst" sagt die Königin auf dem Schachbrett
zu „Alice hinter den Spiegeln" (1871).

Was ist damit gemeint? Wer bestehen will, muss sich verändern, selbst die Wahrung der bereits erlangten Position
fordert einen viel höheren Aufwand als bisher. Das mag so
vorkommen, als trete man auf der Stelle, doch bewegt man
sich nicht, wird man vom Schachbrett geworfen.

Die Entscheidungsmatrix kann helfen, über die
Richtung des nächsten Schachzuges zu entscheiden oder
auch darüber, ob man in dieses oder lieber ein anderes
Rennen investieren will.

Zeit besser nutzen

Katzenbilder auf Facebook, den 10. Businessplan für ein doch nicht realisiertes Projekt, chatten statt telefonieren – die Liste der Zeitfresser ist unendlich. Dabei klagen wir über zu wenig Zeit.

Angesichts zunehmender Komplexität, Veränderung und ökologischen Herausforderungen, kein Wunder. Dabei hatten Menschen noch nie zuvor so viel Lebenszeit zur Verfügung wie aktuell, bei gefühlt gleichzeitig so großem Zeitdruck.

Der Soziologe Emile Durckheim (1858–1917) hatte diese Schere als Resultat der zunehmenden Individualisierung bereits vorhergesagt: So trennt sich der Mensch von Stereotypen und sucht Autonomisierung und Individuation als Inbegriff neuer Freiheit. Der Preis: persönliche Verantwortung und verstärkte Konkurrenz. In der aktuellen Studie „Wie wir leben wollen und was wir dafür tun müssen"[9] wurden vom Institut für Angewandte Sozialwissenschaften, in Kooperation mit dem WBZ, über 2000 zufällig ausgewählte Menschen in Deutschland, im Rahmen eines strukturierten Interviews, zu ihren Vorstellungen zu Lebensentwicklungen befragt. Die Fragen betrafen den Lebensalltag der Menschen sowie aktuelle gesellschaftliche Entwicklungen: Lebensstil, Wohnen, Liebe, Gesundheit, Kommunikation und Digitalisierung, Berufsleben und Besitz. Die Ergebnisse waren mit denen von 2015 verglichen worden und konstant blieben:

- Der Wunsch nach Harmonie, einem starken Wir-Gefühl in der Gesellschaft, Gesundheit und guter Information über Politik und Gesellschaft

Stärker als zuvor wurden

- Zeit für Familie und Kinder, politische Sicherheit, Spaß an der Arbeit und ein sicheres Einkommen, technischer Fortschritt

Weniger wichtig dagegen wurden eingeschätzt

- Persönliches Aussehen, Religion, Arbeit um jeden Preis, sozialer Aufstieg

Doch (noch) stehen Anspruch und Wirklichkeit sich ein Stück entgegen und es bedarf mehr als der landläufigen Zeitmanagementkurse, um dem eigenen Ideal zu entsprechen. Die Entscheidungsmatrix hilft bei der persönlichen Prioritätensetzung und auch der Distanzierung von dem „wie die anderen es machen"

Beispiel

Sina ist für das Studium aus Nordafrika nach Deutschland gekommen. Die Sprache und die kulturellen Unterschiede bilden eine größere Hürde als gedacht, doch beißt sie sich durch. Während des Examens lernt sie einen erfolgreichen jungen Mann kennen, wenig später sind sie ein Paar. Doch versucht er mehr und mehr ihre Zeit zu vereinnahmen, die sie für die Abschlussarbeit und die Jobsuche vorgesehen hat. Ihre wenigen Freundinnen beneiden sie um ihren Freund, das Penthouse und die Partys, die Instagram-Stories und trotzdem hat sie kein gutes Gefühl und sie geht mehr und mehr Kompromisse ein.

Schließlich fällt sie durch den ersten Examensversuch. Sie ist am Boden zerstört, wie soll sie ihren Eltern von der Katastrophe erzählen? Als ihr Freund dann auch noch vorschlägt, dass sie gar kein Examen brauche, sondern auch ohne Abschluss bei ihm in der Firma arbeiten und ein schönes Leben haben könne, zieht sie die Reißleine. Ein Jahr später hat sie ihr Examen und eine Stelle als Junior Project Manager in der Tasche.

Sina hat hier klare Kante gezeigt, weil sie weiß, was sie wirklich will und wie es um ihr eigenes Wertesystem bestellt ist. Abhängigkeit ist nicht Teil davon, deshalb fällt es ihr auch so leicht, eine klare Entscheidung mit harten Konsequenzen für ihr Umfeld zu treffen und dahinter zu stehen.

Fazit

Unser Leben verläuft dynamischer denn je. Mit Strategien aus der Vergangenheit werden wir nicht unsere Zukunft gestalten können. Dies betrifft Unternehmen im gleichen Maße wie Privatpersonen.

Wie oben beschrieben ändern sich die Wertemaßstäbe innerhalb der Gesellschaft, angesichts der zunehmenden Herausforderungen in der Welt. Bewertungen aus dem letzten Jahrhundert haben ausgedient und dem müssen auch Unternehmen Rechnung tragen. In Europa befinden wir uns in einer Region, die erstmals, seit es Menschen auf diesem Planeten gibt, schrumpft. Die demografische Verteilung lässt keinen anderen Schluss zu. Es ist wie eine Welle, die sich in Zeitlupe aufbaut. Wir wissen nicht, welche Auswirkungen dieser Prozess auf unser aller Leben hat. Doch wir müssen uns vorbereiten. Wir werden vermutlich kurzfristig unangenehme Entscheidungen treffen müssen, um langfristig erfolgreich zu sein. Ähnliches gilt für die ungleich grössere Herausforderung des Klimawandels.

Dank der fortschreitenden Ökonomisierung wird es auch in Zukunft nicht zu einer Verminderung von Wahloptionen kommen, was die Beschäftigung mit Entscheidungsprozessen noch wichtiger macht. Wir sollten auf gar keinen Fall den Fehler begehen, die erfolgreichen Strategien der Vergangenheit, unangepasst und unreflektiert auf die Zukunft anzuwenden. Seien wir gewappnet! Mit der Entscheidungsmatrix haben Sie in jedem Fall schon ein sehr brauchbares Tool an der Hand.

Endnoten

1. Sutcliff, C. M.: Das Unerwartete managen: Wie Unternehmen aus Extremsituationen lernen. Stuttgart 2004.
2. Rahmyn Kress, ehem. CDO Henkel, Founder HenkelX & General Partner HenkelX Ventures im Interview an der International School of Management Köln, 6.11.2019.
3. https://www.welt.de/kmpkt/article161646700/In-dieser-Zeit-treffen-wir-die-besseren-Entscheidungen.html

4. Dahm, J.: Sucher suchen, Finder finden, 3. Auflage Norderstedt 2020, S. 123.

5. Dave, U.: Human ressource champions: The next agenda for adding value and delivering results, Harvard 1996.

6. Vgl. Magazin Brandeins 07/2020, S. 21–26.

7. Pachur, T., Mata, R., & Hertwig, R. (2017). Who dares, who errs? Disentangling cognitive and motivational roots of age differences in decisions under risk. Psychological Science, 28, 504–518.

8. Gilbert, D.: Ins Glück stolpern. Goldmann, München 2008 und
Naisbitt, J.: Mind Set! Wie wir die Zukunft entschlüsseln. München 2007.

9. Das Vermächtnis. Wie wir leben wollen und was wir dafür tun müssen. https://live0.zeit.de/infografik/2019/Vermaechtnis-Studie_Broschuere_2019.pdf

7

Nachwort

Dieses Buch entstand im Zeitraum März bis Juli 2020. Parallel arbeitete ich, wie gewohnt, an meinen Beratungen und Projekten, dennoch hatte ich den Eindruck eines parallelen Zeitgefühls: Einerseits, bedingt durch den Lockdown, war natürlich auch in den Kundenunternehmen alles maximal entschleunigt, die Schachzüge einzelner Entscheider schienen in Zeitlupe zu geschehen. Andererseits schien mir global ein Zeitraffer eingeschaltet worden zu sein: Längst nicht nur die Digitalisierung und die Globalisierung hatten noch einmal an Fahrt und an greifbaren Resultaten aufgenommen, mit einem Mal lagen auch Entscheidungen auf dem Tisch, an deren Diskussion ich jahrzehntelang mitgewirkt hatte.

Ich erinnere noch sehr gut an die Diskussion, ob Personalentwicklung und Talententwicklung in Führungskreisen auch virtuell stattfinden könnten – 2009 nach der Bankenkrise war mein Vorschlag zur Einsparung von Kosten abgeschmettert worden, zugunsten des persönlichen

Kontaktes und der Nähe, die solche Prozesse erfordern. Heute bespreche ich mit Kunden Personal- und Nachfolgeplanung nicht nur digital, sondern auch in wesentlich kürzerer Zeit. Humor und das gute Gefühl kommen dabei dennoch nicht zu kurz.

Beeindruckend sind vor allem die Entscheidungen der Global Player wie meiner früheren Arbeitgeber Novartis oder auch der Siemens AG, Homeoffice auf Lebenszeit zu ermöglichen. Noch im Februar 2020 hatte ein führender Mittelständler gegen mein Anraten an seiner Präsenzpolitik festgehalten, um im März dann doch die Heimarbeitsplätze einzurichten. Als ich anfragte, wie denn zukünftig das „neue Normal" gestaltet werden würde, drückte man sich noch ein wenig und sprach von „Abwarten der Analysen" und davon, dass „dass die neue Situation von manch faulem Mitarbeiter sicher auch ausgenutzt werden würde".

Mit Staunen blicke ich auf Kleinunternehmer und neue Gründer, gerade auch solche, die aus dem Ausland zu uns gekommen sind und neben den Herausforderungen der Pandemie und der deutlich gestiegenen Bürokratie noch sprachliche Barrieren überwinden müssen. Doch da beobachte ich viel Sensibilität für ungelöste Probleme, auf die Gründer mit digitalen Antworten und künstlicher Intelligenz findig reagieren. Da werden die Herausforderungen sein, Ängste abzubauen, diese im Nutzen emotional so zu kommunizieren, dass gerade zögerliche Kunden diesen Weg ebenfalls einschlagen und nicht zu lange abwarten.

Wir dürfen nicht schlafen

Denn auch in der jetzigen Krise wie auch schon in den Wirtschaftskrisen zuvor dominiert das Warten. Wären sie zumindest in ihrem Ausmaß zu verhindern gewesen? Hätten sich Betroffene besser schützen können, wenn sie bessere Entscheidungen getroffen hätten? Gewiss! Und wie bei allem gilt es, den Anfängen zu wehren und für das Bauchgefühl einzustehen.

So war der Finanzcrash 2008 darauf zurückzuführen, dass die amerikanische Regierung ihrer Kontrollfunktion den Kreditinstitutionen gegenüber nicht nachkam, Hypotheken und Kredite nicht unter Beschuss nahm. Gleiches gilt für die langkettige Innovationspolitik deutscher Unternehmen wie Daimler, die ganz unabhängig von der aktuellen Covid-19-Pandemie zum wiederholten Male Massenentlassungen und damit Ausgaben in Milliardenhöhe ankündigen. Die notwendigen Entscheidungen wurden „verschlafen", doch dies gilt sowohl für die Regierung als auch Aktionäre gleichermaßen.

Dabei sind wir besser, als wir denken. Man denke an die Entscheidungs- und Reaktionsgeschwindigkeit der Regierung, mit der Fördermittel, Hilfspakete und Informationskanäle bereitgestellt wurden und die tatsächliche Umsetzung funktionierte oftmals innerhalb kürzester Zeitabstände. Parteienübergreifend erzielten Bund und Länder binnen Tagen Einigkeit über das „Corona-Schutzschild", wohingegen Unternehmer (wenn auch eher in Ausnahmefällen) zur Beantragung ihrer Förderung erst eine E-Mail-Adresse einrichten mussten. Wir können unter Druck handeln, sind in der Hochkonjunktur indes träge geworden.

Wie sehr wir mit dem Rest der Welt vernetzt sind, hat 2008 die große Wirtschafts- und Bankenkrise, die ihren Ausgangspunkt in den USA nahm, gezeigt. Kreditnehmer auf der anderen Seite des Erdballes konnten ihre Kredite nicht mehr bedienen und stürzten beinahe das gesamte Wirtschafts- und Bankensystem ins Chaos. Einige Jahrzehnte zuvor war die Verzahnung unseres Lebens mit dem Rest der Welt noch nicht so fortgeschritten und es wäre allenfalls nur zu national beschränkten Problemen gekommen.

Ganz aktuell bestimmt ein Thema unser Leben – das Covid-Virus hat es uns sehr eindrucksvoll vor Augen geführt: Innerhalb weniger Woche wurde dieser über den gesamten Globus verbreitet und hat zu einem temporären wirtschaftlichen Lockdown in den meisten Industrieländern geführt.

Wäre die Pandemie aufzuhalten gewesen, wenn die politischen Entscheidungsträger mehr Entscheidungskraft aufgebracht hätten? Wir werden solche Fragen wohl niemals beantworten können. Eines jedoch hat uns das Virus ebenfalls eindrucksvoll gezeigt: In akuten Drucksituationen kann es zu tragfähigen Entscheidungen, über alle politischen Widerstände hinweg, zum Wohle der Gesundheit der Gesellschaft kommen. Ob diese Entscheidungen die Richtigen waren, werden wir vermutlich auch erst in einigen Jahren wissen, aber zumindest wurde gehandelt und die Entscheidungen in einigen Ländern mehr in anderen weniger vertagt.

Gleichzeitig war diese aufkeimende Pandemie für mich der Anlass, dieses Buch zu verfassen. Ich bin der festen Überzeugung, dass zukünftigen Krisen, vordergründig der Klimakatastrophe, nur mit Entschlusskraft entgegengesteuert werden kann. Je bessere Entscheidungen wir treffen, desto eher können wir den zukünftigen Herausforderungen die Stirn bieten.

Doch nicht nur das. Auch für Einzelpersonen liefern die richtigen Entscheidungsstrategien enorme Vorteile, denn Entscheidungen zu treffen, bedeutet den unmittelbaren Stress zu reduzieren. Mein Rat: lassen Sie uns üben, mittlere und größere Entscheidungszyklen wieder zu überblicke.

Die häufigsten Stressursachen sowohl von Einzelpersonen wie auch im Unternehmen sind psychosoziale

Stressoren: Sie resultieren aus mangelnder Resilienz gegenüber

- Leistungs- und Termindruck,
- vermeintlichem Multitasking,
- ungelösten, nicht ausgetragenen Konflikte,
- Unvermögen im Umgang mit Krankheit und Tod,
- unbewältigter Traumatisierung, Ängste und
- dauernder Überforderung, Anspruchshaltung gegen sich selbst.

Fokus, die Besinnung auf Wesentliches und das Treffen guter Entscheidungen kann hier ein Gegengewicht darstellen. Nicht allein um die Krankheitstage in Organisationen zu reduzieren und Burnout vorzubeugen, sondern auch um uns mit Freude in eine spannende Zukunft blicken zu lassen.

Dazu wollte ich mit dem vorliegenden Buch meinen Beitrag leisten. Ich bedanke mich, dass Sie mir bis hierher gefolgt sind und sich auf dieses spannende Thema gemeinsam mit mir eingelassen haben. Ich hoffe, es war Ihnen Anregung und Hilfe, bei anstehenden Entscheidungen nun schneller bessere Entscheidungen zu treffen und frohen Mutes in die Zukunft zu blicken.

Bei Fragen oder Anregungen kontaktieren Sie mich sehr gerne unter: kontakt@drjohannadahm.com.

Literatur

Druckwerke

1. Bertram H (2014) Die überforderte Generation: Arbeit und Familie in der Wissensgesellschaft. Budich Opladen Leverkusen
2. Binswanger M (2006) Die Tretmühlen des Glücks. Freiburg, Basel
3. Bohnet I (2017) What Works? Wie Verhaltensdesign die Gleichstellung revolutionieren kann. Beck, München
4. Chang Ruth (2002) Making comparisons count. 1st Ed. Routledge New York
5. Dahm J (2020) Sucher suchen, Finder finden, 3. Aufl. Norderstedt
6. Damásio A (2004) Descartes' Irrtum: Fühlen, Denken und das menschliche Gehirn. List München
7. Fisher H (2016) ANATOMY OF LOVE: a natural history of mating, marriage, and why we stray. Norton New York 2016
8. Gilbert D (2008) Ins Glück stolpern. Goldmann, München

© Der/die Herausgeber bzw. der/die Autor(en), exklusiv lizenziert durch Springer-Verlag GmbH, DE, ein Teil von Springer Nature 2021
J. Dahm, *Die Entscheidungs-Matrix*,
https://doi.org/10.1007/978-3-662-62375-6

9. Griffith T (2016) Algorithms to live by: the computer science of human decisions. Picador, New York

10. Iyengar S (2011) The art of choosing. London

11. Kobi J-M (2011) Personalmanagement. Strategien zur Steigerung des People Value. 3. Aufl. S 45

12. Naisbitt J (2007) Mind Set! Wie wir die Zukunft entschlüsseln. München

13. Plasser W (2003) Souverän entscheiden – Die Studie: Entscheidungsverhalten von Top-Managern und Entscheidern in Hoch-Risikobereichen. Norderstedt

14. Pöppel E (2008) Zum Entscheiden geboren: Hirnforschung für Manager. Hanser, München

15. Robbins T (2004) Das Robbins Power Prinzip. Berlin

16. Saleci R (2014) Die Tyrannei der Freiheit. Warum es eine Zumutung ist, sich anhaltend entscheiden zu müssen. München

17. Schiller F (1804) Wilhelm Tell

18. Schwartz B (2016) The paradox of choice. 3. Aufl. New York

19. Surburg I (2003): Change the Game – zur Bedeutung der geheimen Spielregeln für das Betriebsklima. In: Hangebrauck U-M, Kock K et al (Hrsg) Handbuch Betriebsklima. München

20. Sutcliff CM (2004) Das Unerwartete managen: Wie Unternehmen aus Extremsituationen lernen. Stuttgart

21. Traufetter G (2007) Intuition. Die Weisheit der Gefühle. Hamburg

22. Ulrich D (1996) Human ressource champions: the next agenda for adding value and delivering results. Harvard

23. Welch S (2009) 10-10-10: 10 Minuten, 10 Monate, 10 Jahre – Die neue Zauberformel für intelligente Lebensentscheidungen. München

Druckartikel

24. Artinger FM et al (2019) C Y A: Frequency and causes of defensive decisions in public administration. Bus Res 12(1):9–25

25. Fechner HB et al (2018) Cognitive costs of decision-making strategies: a resource demand decomposition with a cognitive architecture. Cognition 170:102–122

26. Fernbach PM et al (2013) Explanation fiends and foes: how mechanistic detail determines understanding and preference. J Consum Res 39:1115–1131

27. Gaschke S (2015) „Wie sich die Generation zuviel sich selbst überfordert". Die Welt, 28. Januar

28. Gigerenzer G. Fast and frugal heuristics: the tools of bounded rationality. In: Koehler D, Harvey N (Hrsg) Handbook of judgment and decision making. Blackwell, Oxford 2004

29. Hofmann (1870) Johannesminne und deutsche Sprichwörter aus Handschriften der Schwabacher Kirchen-Bibliothek. Sitzungsberichte der königl. bayer. Akademie der Wissenschaften zu München II(49):30

30. Imdorf Christian (2010) Emotions in the hiring procedure: how 'gut feelings' rationalize personnel selection decisions. In: Emotionalizing organizations and organizing emotions. Palgrave Macmillan, Houndmills, S 84–105

31. James W (1884) What is an emotion? Mind 9:188–205

32. Magazin Brandeins. 07/2020, S 21–26

33. Pachur T et al (2017) Who dares, who errs? Disentangling cognitive and motivational roots of age differences in decisions under risk. Psychol Sci 28:504–518

34. Schimank U (2008) Double Talk von Hochschulleitungen. In: Jäger W, Schützeichel R (Hrsg) Universität und Lebenswelt. VS Verlag, Wiesbaden, S 154–172

35. Schuldt JP et al (2012) The "Fair Trade" effect: health halos from social ethics claims. Soc Psychol Pers Sci 3(5):581–589

36. Sparks EA et al (2012) Failing to commit: maximizers avoid commitment in a way that contributes to reduced satisfaction. Pers Individ Differ 52(1):72–77

Internet-Quellen: Artikel und Studienmaterial

37. Augsburger Allgemeine: https://www.augsburger-all-gemeine.de/wirtschaft/Experte-Corona-Krise-deckt-grosse-Defizite-bei-Digitalisierung-auf-id57474801.html

38. BAIN Comp. Studie zur Entscheidungsfindung von Unternehmern: https://www.bain.com/contentassets/69f8324f94 9d45129c40a7bd2878b6ec/results2002_2010.pdf

39. BDU: Entscheidungen in der Outplacement-Beratung: https://www.bdu.de/media/275275/studie-opb_ anforderungenundtrends.pdf

40. Boston Consulting Group: The death and life of management. A global BCG survey uncovers rising dissatisfaction among managers and unwillingness among workers to become bosses. Agile can be an antidote to this existential crisis. https:// www.bcg.com/d/press/18september2019-life-and-death-of-management-229539

41. BW 24: A-Klasse & Co: Daimler-Chef will sich von den beliebten Mercedes-Modellen abwenden: https:// www.bw24.de/stuttgart/daimler-ag-ola-kaellenius-strategiewechsel-coronavirus-baden-wuerttemberg-louis-vuitton-luxus-e-auto-90011177.html

42. Die ZEIT Zukunftsstudie Das Vermächtnis. Wie wir leben wollen und was wir dafür tun müssen: https://live0.zeit.de/ infografik/2019/Vermaechtnis-Studie_Broschuere_2019. pdf

43. Edukatio Studie zum Selbstgesteuerten Lernen: https://www. edukatico.org/de/report/hohe-abbruchraten-bei-moocs-ein-gutes-

44. Ernst & Young Studie (2017) im Mittelstandsbarometer – deutsche Zusammenfassung der https://www.presseportal.de/ pm/119840/3544573, die vollständige Studie auf englisch: https://www.ey.com/en_gl

45. FAZ Artikel zu Entscheidungen von Patienten: https:// www.faz.net/aktuell/gesellschaft/gesundheit/wie-wir-medizinische-entscheidungen-treffen-15046296-p3.html

46. Gallup Engagement Survey: https://www.steauf.de/wp-content/uploads/2017/11/Gallup-Engagement-Index-2016.pdf

47. Gerhard Roth Gedächtnisforscher zum Thema Entscheidung: https://www.wiwo.de/erfolg/trends/hirnforscher-gerhard-roth-erst-schlafen-dann-entscheiden/9415864-3.html

48. Hays Studien zum Bewerber-Management und Auswahlverfahren

49. Dirk Reiche: https://www.haysworld.de/ausgaben/2018/01/entscheidet-doch-selbst

50. Ralph Hertwig: https://www.haysworld.de/ausgaben/2018/01/ist-die-optimale-entscheidung-moeglich

51. Jackenroll, Benedict u. Julm, Christian: Rollenstress. Ist das Amt des Dekans eine Zumutung?: https://www.wissenschaftsmanagement-online.de/system/files/downloads-wimoarticle/1710_WIMO_Rollenstress_Jackenkroll_Julmi.pdf

52. Kienbaum Asset Studie: https://assets.kienbaum.com/downloads/Change-Management-Studie-Kienbaum-Studie-2014-2015.pdf

53. Kienbaum Vergütungsstudie für Geschäftsführer/Kienbaum Management Consultants GmbH.

54. Max H. Bazerman: Bounded Awareness: https://papers.ssrn.com/sol3/papers.cfm?abstract_id=627482

55. Robert Half Studie zu Fehlern in der Bewerber-Auswahl: https://blog.iw-akademie.de/2016/05/03/der-erste-eindruck-zaehlt-nicht/

56. Sheena Iyengar: Eternal Quest for the Best: Sequential (vs. Simultaneous) Option Presentation Undermines Choice Commitment: https://www0.gsb.columbia.edu/mygsb/faculty/research/pubfiles/5045/Mogilner%20Shiv%20Iyengar%20Eternal%20Quest.pdf

57. Soprasteria Studie zur Potenzialanalyse: https://www.soprasteria.de/newsroom/publikationen/studien/potenzialanalyse-agil-entscheiden

58. Viasto: Studie zu Vorstellungsgesprächen 2018: https://www.viasto.com/blog/vorstellungsgespraeche-2018-studie-bewerbermarkt/

59. Zeit: Entscheidungen treffen – was soll ich tun?: https://www.zeit.de/campus/2014/05/entscheidungen-treffen-stress-zufriedenheit/seite-3

60. https://www.welt.de/kmpkt/article161646700/In-dieser-Zeit-treffen-wir-die-besseren-Entscheidungen.html

61. https://www.faz.net/aktuell/wirtschaft/karrieresprung-der-falsche-mann-wird-teuer-1258626.html

Video-Material

62. Barry Schwartz: https://www.ted.com/talks/barry_schwartz_the_paradox_of_choice?language=de

63. Tom Griffith: https://www.ted.com/talks/tom_griffiths_3_ways_to_make_better_decisions_by_thinking_like_a_computer?utm_campaign=tedspread&utm_medium=referral&utm_source=tedcomshare

Printed by Printforce, the Netherlands